Hans-Joachim Seeler
Die Sitzung ist eröffnet

Hans-Joachim Seeler

DIE SITZUNG IST ERÖFFNET

Ein Hamburger Senator erinnert sich

Christians

Umschlaggestaltung Andreas Brylka, Hamburg

CIP-Kurztitelaufnahme der Deutschen Bibliothek

Seeler, Hans-Joachim:
Die Sitzung ist eröffnet: e. Hamburger
Senator erinnert sich / Hans-Joachim Seeler.
– Hamburg: Christians, 1983.
ISBN 3-7672-0825-3

INHALT

Entscheidung fürs Europa-Parlament

Am 4. Juni 1978 abends – für den einen etwas früher, für den anderen etwas später – sah die politische Welt in Hamburg plötzlich ganz anders aus. Die Bürgerschaftswahl war gelaufen, die Sozialdemokraten hatten ihre 1974 verlorene absolute Mehrheit wiedergewonnen, die CDU hatte ihre Position gehalten, und die FDP hatte nicht nur verloren, sie war aus der Bürgerschaft schlicht verschwunden. Im Rathaus herrschte eine im wahrsten Sinne merkwürdige Stimmung. In der großen grauen Halle drängte sich alles, was in Hamburg Rang und Namen hatte oder gerne haben wollte.

Noch dichter war das Gedränge eine Etage höher im Festsaaltrakt des Rathauses. Kabel, Kameras und gleißendes Licht ausbreitende riesige Scheinwerfer beherrschten die Szenerie. Von hier aus konnte die Welt der Bundesdeutschen miterleben, was die Hamburger Wähler mit ihren Stimmzetteln an diesem freundlichen Sonntag bewirkt hatten.

Mit wichtig dreinschauenden Gesichtern erläuterten die bekannten Fernsehgladiatoren die Wahl und ihre Ergebnisse. Zuweilen auch mußten sie einfach nur plaudern, ohne viel zu sagen, weil es galt, Zeit zu überbrücken.

Manchmal taten sie mir leid, diese Menschen auf der anderen Seite des Bildschirms. Sie müssen jederzeit bereit sein, Gewichtiges zu sagen, egal, wieviel sie selbst von den Dingen verstehen. Gut ist der dran, der diese Grenzen kennt und sie zuweilen in Humor verbirgt. Peinlich hingegen wirkt, wenn man merkt, daß dieser Sprecher alles, was er sagt, schon deshalb für bedeutsam hält, weil *er* es sagt.

Zum Ritual der Wahlberichte gehörte natürlich auch die Befragung von Siegern und Verlierern. Man merkte sofort, wer dort im dichten Gedränge gerade zur elektronischen Inquisition, modern nennt man dies heute Interview, geleitet wurde. War der Weg begleitet von Beifall, laut oder auch nur höflich, so war es der Bürgermeister, der seinen und seiner Freunde Erfolg erläutern sollte. Immer etwas lächelnd, Freude, aber auch verachtende Überlegenheit darin verbergend, war es leicht für ihn zu sagen, daß der Erfolg immer den Besseren zufalle.

Still wurde es in der Runde, als die Verlierer vor der Kamera erschienen, fast wie bei einem Begräbnis. Jeder war gespannt, was er wohl zu hören bekommen würde, denn wirkliche Verlierer gibt es bei Wahlen selten; »etwas« gesiegt hat eigentlich jeder. An diesem Abend hörten wir es erfreulich deutlich, daß die Liberalen Fehler gemacht hätten. Man könne nicht an der Macht teilhaben und für sich nur den Erfolg beanspruchen. Auch könne man nicht die Mitverantwortung in einer Koalition verneinen, aber den größeren Partner ständig kontrollieren wollen. Nun komme es darauf an, in den nächsten vier Jahren das Vertrauen der verlorenen Wähler zurückzugewinnen.

Kein Beifall, aber auch kein Schweigen begleitete die alte und neue Opposition zur Kamera, ganz einfach laut blieb es. Ja, nicht zu leugnen sei es, daß die SPD wieder die absolute Mehrheit im Parlament errungen habe und nun allein regieren könne. Aber man selbst sei auch dankbar für den errungenen Erfolg, so war es zu vernehmen. Schließlich stünde man besser da als vor 1974, der letzten Wahl, während die Sozialdemokraten ihren damaligen Verlust nicht einmal voll hätten wettmachen können. Also, wie so oft, der Sieger habe eben doch nur halb gesiegt.

Unauffälliger bewegten sich die Vertreter der schreibenden Meinungsmacher durch die Menge; man kennt sich und weiß voneinander. An diesem Abend begrüßte man sich höflich, jovial und bestätigte einander, wie unerwartet das Wahlergebnis doch sei und wie einfach – wirklich? – die Senatsbildung ohne die schrecklichen Koalitionsverhandlungen nun würde. Aber hüten muß man sich! Jedes beiläufig unbedacht gesagte Wort, jeder belanglose Nebensatz kann zur gedruckten Nessel werden, wenn er so recht in das Konzept des Aufmachers für den nächsten Tag paßt. Nach mehr als zehn Jahren im Senat kennt man diese Rutschbahn. Ich blieb daher beim Allgemeinen und antwortete stets auf die Frage, ob ich denn im Senat bleiben wolle, mit Ja, denn jeder wußte, daß ich die Absicht hatte, für die Wahl zum Europa-Parlament im kommenden Jahr zu kandidieren. Aber bis dahin war es noch Zeit.

Lange vor der Wahl der Bürgerschaft war die Zukunft des Europa-Parlamentes zu einem aktuellen politischen Thema geworden. Die Regierungschefs der neun Mitgliedstaaten der Europäischen Gemeinschaft hatten beschlossen, die in den Gründungsverträgen der Europäischen Gemeinschaft schon seit Jahrzehnten vorgesehene direkte Wahl der Abgeordneten durchzuführen. Als Termin dafür war zunächst das Frühjahr 1978 und später dann der Frühsommer 1979 bestimmt worden. Vor allem, um die notwendige Information der Öffentlichkeit vorzubereiten, setzten die Regierungen der Bundesländer im Laufe des

Jahres 1977 sogenannte Direktwahlbeauftragte ein. Für den Hamburger Senat übernahm ich diese Aufgabe.

Die Idee, die Völker und Staaten Europas, deren Geschichte vor allem durch die Kriege, die sie gegeneinander geführt haben, geschrieben worden ist, schrittweise aufeinander zuzuführen und am Ende wirtschaftlich und politisch zu einigen, diese Idee hat mich schon früh fasziniert. Mit der Übernahme der Aufgabe eines Direktwahlbeauftragten nahm der Gedanke mehr und mehr Gestalt an, selbst für dieses Europa-Parlament zu kandidieren, nicht zuletzt auch, um eine neue politische Aufgabe zu finden, denn ewig, also bis ins Pensionsalter, wollte ich nicht im Senat bleiben. Die Europa-Wahl war für den 10. Juni 1979 angesetzt, ich konnte also noch etwa ein Jahr im neuen Senat mitarbeiten, ich konnte aber auch ein Jahr politische Pause einlegen, um einmal wieder Zeit zum Lesen, zum Schreiben, zum Denken und zum Leben zu haben. Aber im stillen war ich eher bereit zu bleiben als zu gehen, denn so leicht trennt man sich nicht von Macht, Einfluß und Amt mit all dem, was sich darum herumrankt.

Ich verschweige nicht, daß ich auch ein wenig stolz war, diesem höchsten Leitungsgremium meiner Heimatstadt Hamburg anzugehören und sowohl das alltäglich Notwendige als auch das Zukunftweisende mitgestalten zu dürfen.

So recht zwanglos vergnügt war es an diesem Sonntagabend im Ratskeller. Hier fanden sich dann auch Freunde, mit denen man in Ruhe die Tagesergebnisse durchsprechen konnte, ohne dabei das inzwischen nach der Hektik des ganzen Tages mehr und mehr als dringend empfundene Bedürfnis, etwas zu essen, unterlassen zu müssen.

Die Neubildung des Senats begann schon am nächsten

Tag: Kein Koalitionszwang mehr, kein mühsames Aushandeln des gemeinsamen Sachprogrammes und der Personalfragen. Ähnlich war die Situation 1966, als die FDP den Senat verlassen hatte und die Sozialdemokraten auch allein regieren konnten. Nur diesmal durfte der Bürgermeister allein die personellen Vorschläge für den neuen Senat erarbeiten und dem Landesvorstand vorlegen; keine Kommission, kein Wahlausschuß, nichts. Eine Woche gab ihm der Landesvorstand Zeit, um seine Vorschläge vorzubereiten; und er hielt sich an diese Frist. Gut ausgewogen war das vorgelegte Personalpaket; Rechte, Linke und dazwischen Lebende waren entsprechend vertreten; Junge und etwas Ältere fanden sich, und natürlich war die Frauenfrage bedacht, indem die Gesundheitssenatorin hinfort auch Zweite Bürgermeisterin sein sollte. Kurz, für politische Ruhe war ebenso gesorgt wie für ideologische Ordnung. Alles lief wie gewünscht. Der Landesvorstand gab zweimal seinen Segen, dazwischen billigten die Kreise, was ihnen vorgetragen wurde. Der Landesparteitag schließlich sagte wenig, aber applaudierte stark den Worten und Vorschlägen des Siegers vom 4. Juni!

Nicht jeder Vorschlag gefiel den Delegierten, vor allem nicht die Idee, die bewährte Einrichtung der Staatsräte in Hamburg zu verändern. Bisher waren die Staatsräte als Beamte auf Lebenszeit unabsetzbare und damit unabhängige Ratgeber des Senats. Sie überdauerten Senatsneubildungen und sorgten dadurch für Kontinuität von Regierung und Verwaltung, die für unsere Stadt immer von Nutzen gewesen ist. Es war auch eine gute Tradition, daß nicht alle Staatsräte unbedingt der oder den jeweils regierenden Parteien angehörten. Parteilose, aber auch Mitglieder der Oppositionsparteien konnten durchaus Staatsräte sein und waren es auch. Jetzt sind die Staatsräte »politische« Beamte, sie können jederzeit in den Ruhestand versetzt werden. Dies wird nicht ohne Auswirkungen auf die Unabhängigkeit ihrer Ratgeberrolle im Senat bleiben, ermöglicht andererseits allerdings einen häufigeren Wechsel und auch eine Zusammensetzung der Staatsräterunde, die den persönlichen Vorstellungen und Wünschen des Bürgermeisters und der Senatoren stärker Rechnung trägt, als es das bisherige System seiner Natur nach konnte.

Aber die Freude über den politischen Wahlerfolg und die Neigung, die Harmonie dieser Hochstimmung nicht durch Fragen und Argumente aus dem rauhen politischen Alltag zu stören, hinderte wohl den einen oder anderen Delegierten auf dem Parteitag, zu manchen Dingen seine Meinung zu sagen.

Schon zwei Tage nach der Wahl bat der Bürgermeister mich zu einem Gespräch. Verborgen hinter viel Liebenswürdigkeit, war in diesem Gespräch sehr schnell erkennbar, daß für mich kein Platz mehr im neuen Senat sein sollte, auch nicht für ein Jahr, und dies, obwohl für sachliche Kritik kein Anlaß gegeben war. Ich müsse jetzt entscheiden, ob ich meine politische Zukunft in der Europa-Politik oder in Hamburg suchen wolle, war die offenbarte Alternative. Der Senat solle für volle vier Jahre gebildet werden ohne einen bereits vorprogrammierten Wechsel in dem wichtigen Finanzressort schon nach einem Jahr. Im Gespräch erfuhr ich dann aber auch, daß Siegfried Lenz gefragt worden sei, ob er Kultursenator werden wolle, und sei es auch nur für ein Jahr. Im Falle seiner Zusage könnte auch ich noch ein Jahr bis zur Europa-Wahl im Senat bleiben.

Einige Tage zum Nachdenken und zu Gesprächen mit Freunden wurden vereinbart, aber mein Entschluß stand im Grunde fest; die Zeit zum Wechseln war da. So erklärte ich dem Bürgermeister zwei Tage danach, daß ich bereit sei, noch etwa ein Jahr im Senat zu bleiben, aber auch sofort ausscheiden würde, um ihm eine Senatsbildung nach seinen Vorstellungen für volle vier Jahre zu ermöglichen.

Ehe ich mich schriftlich erklärt hatte, erhielten die Öffentlichkeit und ich bereits einen langen freundlichen Abschieds- und zugleich Dankesbrief vom Bürgermeister. Die getroffene Entscheidung sollte festgehalten und sicher bewahrt werden.

Obwohl die Zeit im Amt so weiterlief, als stünde eigentlich nichts bevor, war es wie eine Sanduhr; unaufhaltsam rannen die Tage, Vergangenes wurde mehr und mehr, Zukünftiges immer weniger. Zeugnisse für die engsten Mitarbeiter mußten konzipiert werden, Entscheidungen waren zu treffen, die nicht auf den Nachfolger warten sollten. Sitzungen in Bonn und anderswo mußten wahrgenommen werden, manchmal so, als sei die Amtszeit noch unbegrenzt lang. Viele wußten von dem bevorstehenden Ausscheiden, aber jeder tat, als sei alles ganz normal.

Schließlich schrieb ich dem Präsidenten der Bürgerschaft kurz, daß ich am 28. Juni zu Beginn der Bürgerschaftssitzung, in der die neuen Senatoren zu wählen waren, von meinem Amt zurücktreten wolle; dem Bürgermeister schrieb ich länger. Ihm sagte ich noch einmal, daß ich bis zur Europa-Wahl zu bleiben bereit gewesen wäre und daß es in Hamburg bisher guter Brauch war, daß ein Senator, der aus freien Stücken zu gehen die Absicht hat, den Zeitpunkt – auch während einer Legislaturperiode – frei bestimmen konnte. Für den Chronisten sollte dies vermerkt bleiben.

Ganz am Ende kamen Humor und meine Lust an ein wenig Schabernack noch zu ihrem Recht. Alle Briefe waren fertig und sollten rechtzeitig am Vormittag des 28. ihre Adressaten erreichen. Am Tage vorher meinte unsere Fraktionsgeschäftsführerin ein wenig zaghaft am Telefon, ob ich auch nicht vergäße, mein Abschiedsgesuch zu schreiben? Kurz darauf, in der Fraktionssitzung, erinnerte mich der Bürgerschaftspräsident an diese Formalität. Nicht genug damit, der Referent des Bürgermeisters flüsterte mir ähnliches zu. Und damit die mahnende Runde würdigen Abschluß fände, erschien der Bürgermeister höchstselbst hinter meinem Platz und sagte mit seines Amtes Ernst, ich müsse noch mein Abschiedsgesuch schreiben! Ich amüsierte mich ein wenig, wie ängstlich sie doch waren, daß mein Ausscheiden aus dem Amt doch ja in der gehörigen Form und vor allem zeitgerecht erfolge.

Keine drei Wochen nach dem Wahltag waren ins Land gegangen, und der neue Senat sowie einige Gesetzesänderungen waren vorbereitet und warteten auf das letzte Wort der neuen Bürgerschaft.

Für mich ging damit eine Tätigkeit zu Ende, die mir viel Spaß, viel Freude, aber auch Mühe gemacht hatte. Gut 11½ Jahre, oder, wie es in dem Bescheid über das nun fällige »Übergangsgeld« ganz korrekt hieß, 11 Jahre und 169 Tage war ich Mitglied des Hamburger Senats gewesen.

Die Übergabe vieler Ämter und Aufgaben füllten den ganzen Juli aus, es wurde Abschied genommen und gefeiert. Viele freundliche, manche herzliche Reden konnte ich hören. Manchmal wurde ich so tüchtig, so gut, so erfolgreich und so tadelfrei, daß die im Spiel der Phantasie zuweilen geträumte eigene Totenfeier der Wirklichkeit nahe schien. Auch dies ging vorüber.

Endlich war Zeit, in Ordnern und Kisten, Kellerschränken und Aktenbündeln zu suchen und zu sichten und längst Verblaßtes ans Licht zu holen. Wie bunt und lebendig wurden plötzlich die Jahre im Senat. Lange vergessener Ärger im mildernden Glanz der aufgefrischten Erinnerung, manche Freude, mancher Erfolg wurden wieder lebendig. Bei all diesem Tun kam dann der Gedanke, einmal zu schreiben, wie es denn so ist, in Hamburg Senator zu sein, und auch einmal zu berichten, wie man eigentlich Senator wird.

Von der »Basis« in den Hamburger Senat

Von denen, die mit Fleiß und Eifer als Parteimitglied und Funktionär oder als Abgeordneter auf kommunaler oder Landesebene eine politische Laufbahn eingeschlagen haben, werden wohl nur wenige mutig genug sein, zuzugeben, daß in ihrem politischen Herzen der Wunsch schlummert und manchmal auch sehr lebendig rumort, einmal Minister oder – was schon rein nach der Zahl seltener ist bei uns in Deutschland – Senator zu werden. Aber allen sei schon vorweg gesagt, Glück und auch der Zufall stehen mindestens gleichrangig neben gebotener Leistung und Fähigkeit, wenn man die Voraussetzungen aufführt, die auf dem Weg zu politischen Rängen erfüllt sein müssen. Auch muß man bereit sein, den ganz persönlichen Intim- und Schutzbereich stark zu verengen. Gerade hierhinein möchte manche Zeitung oft und gerne als erste und einzige schauen. Leichter ist es, die oft beschriebene Leder- oder besser Elefantenhaut sich anzulegen. Hat man erst einmal bemerkt, wie kurzlebig das öffentliche Gedächtnis ist und wie flüchtig oft die geschriebene öffentliche Meinung dargestellt wird, dann verliert böswillige und ungerechtfertigte Kritik schnell ihre in die Tiefe gehende und verletzende Kraft. Für ehrliche und gutgemeinte Kritik hingegen sollte stets eine empfangsbereite Antenne ausgefahren bleiben, denn gerechtfertigte Kritik ist der beste Freund auf dem Weg zur politischen Erfahrung.

Allen denen schließlich, die politische Ämter anstreben in der Erwartung, viel Geld verdienen zu können, sei angeraten, sich vorher für Gehaltshöhe und Arbeitszeit eines Senators zu interessieren. Ein Senator verdient durchaus gut, zwar nicht so gut, wie Hamburgs Opposition seit Jahren neidvoll meint, aber es reicht, um sich viele Wünsche zu erfüllen. Aber auch das Geldausgeben braucht Zeit, und diese – soweit für Privates und Persönliches verfügbar – wird sehr rar, wenn man erst Senator ist. So gehört die 40-Stunden-Woche zu den Träumen an vergangene, gewerkschaftlich geschützte Arbeitsepochen. 60 bis 70 Stunden in der Woche kann als politische Regelarbeitszeit angenommen werden, wodurch sich der auf die Stunde umgerechnete Verdienst schon stark vermindert. Bedenkt man, daß nur höchstens jedes zweite oder dritte Wochenende von politischen und anderen Dienstpflichten freizuhalten ist, dann befindet sich der Senator, was sein Gehalt anbetrifft, in ehrbarer Nähe eines hochqualifizierten Handwerkers. Nur einen Unterschied gibt es: Dem Handwerker werden nicht allmonatlich Pflichtbeiträge, Zwangsabgaben und andere »freiwillige« Spenden abverlangt bzw. von ihm erbeten, die den biblischen Zehnten, auf das Nettogehalt bezogen, oft weit hinter sich lassen.

Wer Geld verdienen möchte, der strebe leitende Posten in öffentlichen Unternehmen an; vor Konkursen weitgehend geschützt und im Wettbewerb oft durch das Anbietermonopol gesichert, bleibt dann für das Einkommen eines verantwortlichen Senators nur ein mildes Lächeln. Noch besser steht der da, der ein solches Amt mit einer leitenden Funktion im Parlament verbinden kann. Zu dem guten Gehalt kommen dann zwei oder gar drei von der Steuer nicht belästigte Diäten hinzu, ohne daß damit zugleich eine ständig hell und manchmal auch grell beleuchtete Verantwortung verbunden wäre.

Nun zu meinem Weg von der politischen Basis in den Hamburger Senat.

Irgendwann im Jahre 1956 war der Gedanke, Mitglied einer politischen Partei zu werden, zu dem Entschluß herangereift, in die SPD einzutreten. Selbstverständlich war diese Entscheidung für mich nicht, denn zu Hause waren alte Vorurteile gegen die Sozialdemokraten und ihre angebliche Unkirchlichkeit sehr lebendig.

Mich beeindruckte das soziale Engagement der Sozialdemokraten, das im tiefsten Sinne religiös – nicht kirchlich – begründet ist; mich beeindruckte auch die ernste Sorge der führenden Männer der SPD um die Zukunft der ganzen deutschen Nation.

Am 1. März 1957 wurde ich also Sozialdemokrat im Distrikt St. Pauli-Nord, weil unsere Wohnung damals am Schulterblatt lag. Den letzten Anstoß gab wohl auch die jedem Mittzwanziger eigene Protesthaltung gegen alles Elterliche. Das Entsetzen der Familie ließ auch nicht lange auf sich warten. Ein Pastorensohn Sozialdemokrat – ein kaum nachvollziehbarer Gedanke. Was würde die Gemeinde sagen? Würde die Kirche nun sonntags noch leerer werden? Und was erst, wenn sich dieser Schritt in der Familie, die weitgehend national-konservativ dachte, oder gar erst im Kollegenkreise herumsprechen würde? Nicht auszudenken! Aber es geschah nichts, niemand trat deswegen aus der Kirche aus, kein christlicher Stein flog in die Fenster unseres Pfarrhauses.

Auch für mich war diese Mitgliedschaft zunächst nichts

weiter als eine monatliche Beitragspflicht. Bis zur Wahl zum Senator hatte ich noch fast 10 Jahre Zeit.

Im Sommer 1957 beschloß ich, einmal eine Distriktsversammlung zu besuchen. In einem Lokal an der Schanzenstraße fand sie statt. Im Dämmerlicht einer Hinterstube dieser Wirtschaft fand ich einen kleinen Kreis älterer, zumeist Bier trinkender Männer beisammensitzen. Man schwieg, als ich eintrat, und ich glaubte schon, ich hätte mich wohl verirrt. Ich klärte die Runde auf, wer ich sei und wurde alsbald per »Du« und als neuer »Genosse« begrüßt. Es dauerte eine Weile, ehe ich mich an diese neue Freundschaft gewöhnt hatte, dann aber hielt ich kräftig mit und erfuhr, wessen Großvater schon mit Bebel befreundet war, wer Kurt Schumacher oder Erich Ollenhauer schon einmal persönlich begrüßt hatte, aber auch, wer während der NS-Diktatur verfolgt und im Konzentrationslager gewesen war.

Wenig später zogen wir nach Bramfeld, und es dauerte wieder eine längere Weile, ehe ich Kontakt zu meinen dortigen Genossen fand. Mein zweites juristisches Examen nahm meine Zeit voll in Anspruch. Aber als das glücklich überstanden war, fing ich an, regelmäßiger zu den Distriktsabenden zu gehen. Mit dem internen »Du« und der Anrede »Genosse«, die zu jener Zeit vorübergehend vom »Parteifreund« ersetzt wurde, war ich nun schon vertrauter. Schwieriger war es, die Freunde damit vertraut zu machen, daß der Sohn des Bramfelder Pastors zu ihnen gehörte, ohne deswegen aus der Kirche ausgeschlossen worden zu sein.

Die Zeit ging dahin; aus dem Assessor wurde ein Gerichtsassessor und später – nach dem Wechsel vom Staats- zum Kirchendienst – ein Kirchenrat. Dieser Schritt war schon mitgetragen von dem Wunsch, irgendwann einmal politisch mehr zu sein als nur Parteimitglied, denn als Richter war mir der Weg ins Parlament verschlossen. Auch in der Partei wollte ich nicht nur Zuhörer sein und auf Versammlungen mein Bier trinken.

So bot sich eines Tages die Gelegenheit, auf einer Bezirksversammlung einmal selbst zu reden; Otto H. hieß unser Vorsitzender. Er war immer sehr besorgt um unsere politische Bildung und sorgte daher stets für Referenten, die Aktuelles zu berichten wußten. Einmal, es war Anfang 1959, hatte ein solcher Referent kurzfristig abgesagt, und er fragte mich, ob ich denn referieren könne. Ich sagte zu. Als Thema wurde »Der Deutschlandplan der SPD« verabredet. Der Abend der Versammlung kam, und ich hatte Lampenfieber. Otto wartete schon in der Wirtschaft, die herkömmlicherweise direkt der Kirche gegenüberlag. Beruhigend meinte er, ich brauche mir keine Sorgen zu machen, wenn es am Anfang nicht klappe, schließlich sei er ja auch da. Nun, es klappte; bis spät dauerte die Diskussion. Otto meinte, er hätte sich ja gleich denken können, daß ich meine Sache gut machen würde, ich sei ja schließlich ein Studierter. Kurz darauf wurde ich Delegierter in der Kreisdelegiertenversammlung und Beisitzer des Distriktsvorstandes für Kulturfragen!

Die Zeit ging weiter; zwei Jahre später, 1962, war ich Vorsitzender des Parteidistriktes Bramfeld-Süd und nach weiteren zwei Jahren beruflich Oberkirchenrat geworden. Schon bald stand die Neuwahl der Hamburger Bürgerschaft ins Haus. Lange vorher begannen die Gespräche, die Spekulationen, die Mutmaßungen, wer denn ausscheiden, wer neu kandidieren würde. Sicher war, daß viele ältere Mitglieder nicht wieder kandidieren würden. So zahlreich war die jüngere Generation in der SPD damals nicht, daß man allzusehr um die freien Mandate ringen mußte, und so lag es fast auf der Hand, daß man mich fragte, ob ich kandidieren wollte. Walter B., unser Bramfelder Bürgerschaftsabgeordneter, wollte ausscheiden, und man brauchte einen Nachfolger. Mit Eifer wurde der Wahlkampf vorbereitet und ausgefochten, glaubten wir doch damals noch, Wahlreden und Plakate könnten im Verhalten der Wähler Wesentliches bewirken.

Aber noch vor der Wahl geschah etwas, das – ohne daß ich es damals auch nur ahnte – für mich erhebliche Bedeutung gewinnen sollte.

Im Untersuchungsgefängnis starb ein Deutsch-Amerikaner namens Haase in der Beruhigungszelle, auch »Glocke« genannt. Groß war die öffentliche Aufregung, weniger, weil ein Mensch ums Leben gekommen war – daran war man bei unseren Medien gewöhnt –, vielmehr, weil es ein politisches Ereignis war, durch das der Wahlkampf Farbe bekommen würde. Noch vor der Wahl wurde von der alten Bürgerschaft ein Untersuchungsausschuß eingesetzt, der unter Führung des späteren Justiz- und Schulsenators und Bürgermeisters Peter Schulz schnell und zügig Licht in das verworrene Dunkel des Strafvollzuges bringen sollte. Der Ablauf der Ereignisse in jenen Herbsttagen im Untersuchungsgefängnis wurde einigermaßen aufgeklärt, soweit dies in der Hektik des Wahlkampfes überhaupt möglich war; aber je mehr aufgeklärt wurde, desto undurchsichtiger wurde die Vollzugspraxis in den Strafanstalten, und dies sollte später mein politisches Glück werden. Es war von jener Art des Glückes, ohne das ein Politiker weder die Sprossen der Erfolgsleiter erklimmen noch – hat er dies erst einmal geschafft – sich auf ihnen auch halten kann, um im politischen Dasein erfolgreich zu bleiben. Doch damals wußte ich von alledem noch nichts.

Der Fall Haase störte zwar den Wahlkampf, aber das Wahlergebnis war trotzdem überwältigend. 74 von 120 Abgeordneten stellte die SPD, und ich war nun einer von diesen.

Gleich nach der Wahl und noch bevor die eigentliche Arbeit begann, gab es Aufregung und Ärger – nicht bei mir – sondern in vermeintlich frommen Christenkreisen.

Ein Oberkirchenrat der Hamburgischen Landeskirche, nun Abgeordneter in der Bürgerschaft, das konnte noch angehen, aber ein Oberkirchenrat als Mitglied der sozialdemokratischen Fraktion – das war ungeheuerlich und forderte Konsequenzen; so jedenfalls dachte ein altehrbarer Oberalter der ehrwürdigen Hauptkirche St. Jakobi zu Hamburg. Oberalte sind Kirchenvorsteher der Hamburger Hauptkirchen, die auf Lebenszeit gewählt worden sind. Jener Oberalte griff also zur Feder, nein, zur Maschine, und schrieb dem Bischof, meinem Vorgesetzten: Die Kirche sei in Gefahr, wenn Sozialdemokraten als Kirchenbeamte das Sagen hätten. Das mindeste sei, daß ich unverzüglich aus dem Kirchendienst entfernt würde. Schlimm sei es darüber hinaus, daß ein »Roter«, also ein a priori Gottloser, jahrelang unerkannt im kirchlichen Dienst sein Unwesen hätte treiben können. Also fort mit dieser Teufelsbrut! Nun, Bischof Witte, selbst weit davon entfernt, den Sozialdemokraten zuzugestehen, daß eine der Wurzeln ihres Tuns in den Forderungen christlicher Nächstenliebe, also der Bergpredigt, zu suchen ist, ihm war denn dies nun auch zu starker Tobak. Er wußte, daß ich Sozialdemokrat war und hätte mich sicherlich lieber unter christlich firmierender politischer Parteianschrift gesehen, war er selbst doch konservativ bis ins Mark und hielt die »Sozis« für gottlose, ja wohl auch für vaterlandslose Gesellen. Aber er respektierte die andere Meinung und er mochte mich wohl auch, weil ich Geschichte liebte und möglicherweise traditionsbewußter dachte als viele seiner politischen Leitbilder.

Dazu etwas Anekdotisches: Genau am 5. Dezember 1960 – ich war etwa ein halbes Jahr im kirchlichen Dienst – mußte ich ihm vortragen. Er trank – wie immer – Tee mit Rum, aus dem zuweilen im Laufe der Unterhaltung Rum mit Tee – auch für Gäste – wurde. Unvermittelt fragte er mich, ob ich denn wisse, welcher Tag heute sei? Ich wußte, es war der Tag von Leuthen. Er schmauchte zufrieden seine Pfeife und strahlte sogar, als ich ihm das Ereignis von Leuthen genauer beschreiben konnte. »Hätte ich nie gedacht, daß ein Sozialdemokrat so etwas weiß«, meinte er danach. »Wann sind Sie eigentlich geboren?« wollte er wissen. »Am Tag von Nagasaki, im Jahre 1930«, erlaubte ich mir zu antworten. Er wußte zu meiner stillen Freude nicht, an welchem Tag die Amerikaner 1945 die zweite Atombombe auf Japan geworfen hatten. So hatte ich seine stille Sympathie erworben, und noch manches Mal sagte er, oft beiläufig, man müsse eben auch die Geschichte kennen, wenn man die Gegenwart verstehen wolle, »nicht wahr, Seeler?!« – Jener ach so törichte Oberalte aus St. Jakobi erhielt dann auch keine Antwort vom Bischof, sondern nur eine kurze Bestätigung durch den Landeskirchenamtspräsidenten, in der mit wenigen Worten geschrieben stand, man habe seine Meinung zur Kenntnis genommen und gedenke nichts gegen mich zu veranlassen, zumal man seit Jahren wisse, wo ich politisch stehe.

Verlassen wir nun den kirchlichen Bereich und begleiten den Neuling auf Sitz 42 der Bürgerschaft bei seinen ersten Gehversuchen im und um das Parlament: Die Arbeit begann mit der Konstituierung der Fraktion. Der Vorstand und manches andere mußten gewählt werden. Der Neuling darf zwar mitwählen, aber alles andere machen die alten Hasen untereinander aus. Anders ist es bei der Nominierung neuer Senatoren. Damals war es noch nicht Brauch bei den Sozialdemokraten, daß ein Parteitag über die Nominierung neuer Senatoren zu beschließen hatte. Eine sogenannte Findungskommission, in der die Fraktion und der Parteivorstand vertreten waren, machte Vorschläge, über die dann die Fraktion zu beraten und abzustimmen hatte.

Ich glaube, damals, als unsere Fraktion über die Vorschläge für neu zu besetzende Senatorenposten beriet, kam mir zum erstenmal der Gedanke, vielleicht auch irgendwann einmal Senator zu werden, zumal einige der Neuen gar nicht soviel älter waren als ich. Aber soweit war es damals noch nicht. Viel wichtiger war im Augenblick die Frage für mich, in welche Ausschüsse der Bürgerschaft ich kommen würde. Alle Abgeordneten, auch die neuen, waren befragt worden, welche Wünsche sie denn hätten. Ich wollte in den Haushaltsausschuß, weil ich im kirchlichen Dienst die damit zusammenhängenden Fragen kennengelernt hatte und schon selbst einmal einen Zweijahreshaushalt über 100 Millionen Mark vorbereitet und vor der Hamburgischen Synode vertreten hatte. Und dann wollte ich in den Gesundheitsausschuß, weil ich mich für dieses Sachgebiet interessierte und davon auch einiges wußte, denn in der Kirchenverwaltung hatte ich auch mit den kirchlichen Krankenhäusern in mannigfacher Weise zu tun gehabt. Vielleicht spielte auch ein wenig der Gedanke an die mögliche Nachfolge des vor dem Ruhestand stehenden damaligen Gesundheitssenators Walter Schmedemann mit bei dieser Bewerbung. Aber mehr als ein solcher stiller Hintergedanke war es nicht.

Dies waren meine Vorstellungen von der Tätigkeit in den Parlamentsausschüssen, aber der Abgeordnete denkt, und die Fraktionsführung lenkt und handelt. Als sozialdemokratischer Oberkirchenrat wurde ich von vielen mit erstaunter Neugier betrachtet, weil es nicht alltäglich ist, daß ein Oberkirchenrat das rote Parteibuch besitzt, und Neugier, weil man sehen wollte, wer denn dieser Mensch wohl sei. Unsere Fraktion jedenfalls meinte, als Jurist und Oberkirchenrat müsse ich eigentlich zu allem nütze sein. Da man unbedingt einen neuen bildungspolitischen Sprecher brauchte, wurde ich mit sanfter Gewalt dazu verurteilt. Aber diese »Freiwilligkeit« wurde auch honoriert, indem meine Wünsche, in den Haushalts- und Gesundheitsausschuß zu kommen, erfüllt wurden und ich darüber hinaus auch Mitglied des Bürgerausschusses, der sogenannten kleinen Bürgerschaft, wurde. Außerdem wurde ich Deputierter der Schuldeputation wegen der Beziehung zur Bildung, wie man in der Fraktionsführung meinte. So war ich eingeordnet in die Hierarchie der Fraktion, und die politische Arbeit konnte beginnen. Aber diese Rechnung war ohne die Opposition gemacht. Sie beantragte erneut einen Untersuchungsausschuß, der den Hamburger Strafvollzug und vor allem die Anwendung von Zwang und Gewalt überprüfen sollte. Der tote Deutsch-Amerikaner Haase hatte zum zweiten Male seinen Schatten auf die Bürgerschaft geworfen. Diesmal sollte mich dieser Schatten voll umhüllen, denn man fand keinen anderen als mich, um den Vorsitz dieses Ausschusses zu übernehmen; ich sei ja schließlich Jurist, hieß es.

Die Arbeit war interessant und hat mir Spaß gemacht. Im Anfang galt es zwar, eine gewisse Unsicherheit in der parlamentarischen Praxis so gut es ging vor der Öffentlichkeit, die alle Sitzungen zunächst mit Schlagzeilen, später mit kleiner werdenden Beiträgen verfolgte, zu verbergen. Sehr schnell aber wurde ich mit den Gepflogenheiten dieser Arbeit vertraut, und auch Dr. Wilhelm W., der Oppositionssprecher mit seiner scharfen, oft vorlauten Zunge mußte sich daran gewöhnen, daß er erst dann das Wort nehmen konnte, wenn der Vorsitzende seine Befragung abgeschlossen hatte und es ihm gab.

Die Untersuchungen des Ausschusses deckten in den kommenden Wochen manche bedenkliche Praxis im Vollzug auf und sie zeigten auch, daß sich hinter den Mauern der Vollzugsanstalten eine Sozialstruktur eigener Art entwickelt hatte, die der Lust vieler Menschen an der ungehemmten Macht- und Gewaltausübung sehr entgegenkam. Aber sie machte auch deutlich, daß Einsperren als Strafform im Grunde seine mittelalterlichen Züge nur wenig verbergen konnte. Das Ziel, resozialisieren zu wollen, wirkt zuweilen nur als dünner Schleier vor der tatsächlich praktizierten Sühne und Vergeltung.

Die Wochen gingen schnell dahin, mein Beruf und diese neuen Aufgaben verkürzten die Zeit für das Private und die Familie sehr. Im Herbst sollte im Parlament auch die Bildungspolitik wieder stärker im Vordergrund stehen. Mir, dem bildungspolitisch Ahnungslosen, stand dies sehr bevor, war ich doch Sprecher der Fraktion für diesen Bereich geworden.

Mit dem Herbst dieses ersten Jahres der 6. Bürgerschaft nach dem Kriege kamen auch die letzten Wochen im Amt für Walter Schmedemann, dem damaligen Gesundheitssenator. Er war seit 1948, lediglich unterbrochen durch die Jahre, in denen in Hamburg der Bürgerblock den Senat stellte, Präses der Gesundheitsbehörde gewesen. Ein respektabler Mann, den die Verfolgungen durch die Nazis nicht gehindert hatten, nach dem Kriege in vorderster Linie unseren Staat mit neuem Leben zu erfüllen.

Walter Schmedemann hatte zu Beginn der Legislaturperiode angekündigt, daß er zum Ende des Jahres 1966 ausscheiden wolle, und dieser Wunsch eines verdienten Senators wurde – jedenfalls damals noch – selbstverständlich respektiert. Ich wußte, daß eine Kommission den Auftrag hatte, einen Nachfolger zu suchen. Aber meine hochfliegenden Träume, selbst zum Kreis der Bewerber gehören zu können, hatte ich längst vergessen, denn ich wußte inzwischen, wie mühsam der Weg nach oben in der Politik war, und war eigentlich froh, meine Arbeit als Vorsitzender des Untersuchungsausschusses über Fragen des Strafvollzuges, auch einfach zweiter Haase-Ausschuß genannt, gut und von allen Seiten anerkannt, zu leisten. Vor uns lagen noch viele Monate Arbeit, und in der Fraktion gab es zahlreiche sehr redegewandte Kollegen, denen ich, der Neuling, viel mehr Chancen einräumte als mir selbst. Was ich nicht wußte, war, daß man mir ein Interesse an gesundheitspolitischen Fragen zutraute, wohl, weil mir meine Erfahrungen mit den kirchlichen Krankenhäusern bei Debatten im Gesundheitsausschuß hilfreich gewesen waren. Wie gesagt, ich wußte damals nicht, daß die Findungskommission über ein Dutzend Namen gesprochen hatte, ohne sich zu einigen. Ich wußte auch nicht, daß der damalige Bürgerschaftspräsident, Herbert Dau, der später ein väterlicher Freund wurde, mich vorgeschlagen hatte, weil er meinte, man brauche nicht in aller Welt nach einem Kandidaten zu suchen, wenn man einen solchen in der Bürgerschaftsfraktion finden könne. So hatte man sich auf mich verständigt.

Es war in der Bürgerschaftssitzung am 2. November, als mich Paul Nevermann, der damalige Vorsitzende unserer

Partei in Hamburg, ganz abrupt fragte, ob ich Gesundheitssenator werden wolle. Zuerst wußte ich gar nichts zu antworten, dann sagte ich ihm nur, daß ich von diesem Sachgebiet so gut wie keine Ahnung hätte. Seine Antwort war kurz; ich sei doch Jurist, und Juristen könnten alles!

Einige Tage erbat ich mir, eigentlich nur, um in Ruhe über diese neue Aufgabe nachzudenken. Ich war sofort entschlossen zuzugreifen, nicht nur, weil ich lange genug in der kirchlichen Verwaltung tätig gewesen war, sondern auch, weil gerade der Gesundheitsbereich viele interessante Gestaltungsmöglichkeiten für die politische Phantasie zu bieten schien. Auch freute ich mich auf die überraschten Gesichter meiner kirchlichen Kollegen und auch des neuen Bischofs. Aber bevor ich meine Entscheidung mitteilen konnte, war bereits in der »WELT« zu lesen: »Wird Seeler Nachfolger von Schmedemann?« Groß war die Aufregung in der Fraktion; wer hatte geplaudert, so fragten sich viele, denn nichts mögen solche politischen Gremien weniger, als Entscheidungen, die sie noch treffen sollten, bereits aus der Presse zu erfahren. Entsprechend turbulent waren denn auch die Beratungen im Landesvorstand und in der SPD-Fraktion am 14. November, aber ich erhielt die erforderliche Mehrheit. Einige Fraktionsmitglieder stimmten mit Nein, viele enthielten sich allerdings der Stimme. Wilhelm Drexelius, der damalige Zweite Bürgermeister, sah mir meine Betroffenheit über dieses Ergebnis wohl an, denn er meinte in seiner trockenen, aber liebenswürdigen Art, nachdem er mir gratuliert hatte, eine Stimme mehr als die Hälfte genüge; alles, was darüber hinausginge, sei Eitelkeit. Ich müsse mich im übrigen daran gewöhnen, daß man es in der Politik sowieso nie allen gleichzeitig recht machen könne; eine größere Anzahl von Gegenstimmen bei Wahlen sei immer ein Zeichen dafür, daß man auf dem richtigen Wege sei. Viele gratulierten und wünschten Glück, viele auch, von denen ich wußte, daß sie mich nicht gewollt hatten. Ich erfuhr, daß eine Kommission eingesetzt worden war, um die vermeintliche Indiskretion gegenüber der »WELT« zu untersuchen. Bei mir begann man mit der Untersuchung, aber ich konnte mit ruhigem Gewissen sagen, daß außer meiner Frau nur der Bischof und der Präsident des Landeskirchenamtes von mir erfahren hatten, daß ich als Gesundheitssenator vorgeschlagen worden sei. Auch viele weitere Befragungen brachten, wie so oft in solchen Fällen, nichts ans Tageslicht.

Viele Jahre später, die Aufregung war längst vergessen, erfuhr ich, daß es gar keine Indiskretion gegeben hatte, die diese Kommission hätte ans Tageslicht fördern können. Der Journalist, der damals den Artikel geschrieben hatte, war ganz einfach nach der Mosaikmethode vorgegangen; aus vielen Informationen, Vermutungen und auch Gerüchten hatte er sich zusammenreimen können, daß der neue Senator Abgeordneter sei, daß er kein Mediziner, sondern vermutlich Jurist sei und sich sowohl in der Partei als auch in der Bürgerschaft schon einen Namen gemacht habe. Die Auswahl der möglichen Kandidaten wurde auf diese Weise sehr klein. Die Reaktion auf seinen Artikel zeigte ihm dann, daß er richtig geraten hatte. Mehr als eine Vermutung war es eben nicht gewesen.

Die letzten Wochen im kirchlichen Dienst gingen schnell vorüber. Zum Nachdenken blieb wenig Zeit, denn vieles war abzuwickeln, zu übergeben und vorzubereiten. Am 11. Januar 1967 stand meine Wahl auf der Tagesordnung der Bürgerschaft. Ich brauchte nur noch die Wahl anzunehmen und den Eid auf das Grundgesetz und die Hamburgische Verfassung zu leisten und ich war Senator.

Die ersten Schritte auf politischem Parkett

»Herr Senator, ich warte nachher unten in der Rathaushalle auf Sie!« Es war Arthur Seidel, mein neuer Fahrer, der dies sagte. Mehr entschuldigend fügte er hinzu, daß ich zunächst noch den alten Wagen meines Vorgängers benutzen müsse, denn der neue Dienstwagen sei zwar bestellt, würde aber erst in einigen Tagen geliefert werden. Dies mache mir gar nichts aus, sagte ich ihm, ich würde ohnehin auch in Zukunft häufig, wie bisher, mit Bus und Bahn in die Stadt fahren. Arthur war entsetzt, jedenfalls sah er mich entgeistert an. »Herr Senator, das können Sie doch nicht tun! Als Senator, und dann im Gedränge in der Bahn oder im Autobus, das geht nicht! Ich werde Sie jeden Morgen abholen und abends wieder nach Hause bringen.« So täten das alle Senatoren, befand er, und unser Gespräch war zu Ende, denn Arthur wollte nicht Gefahr laufen, am Ende morgens ohne seinen Chef in der Behörde zu erscheinen.

So gewöhnte ich mich daran, daß morgens ein Dienstwagen vor der Tür stand und mich zur Gesundheitsbehörde brachte und abends, oft sehr spät, daheim wieder auslud. Auch sonst sorgte Arthur für nunmehr fast 12 Jahre dafür, daß ich stets wohlbehalten und so schnell, wie es Straßenverkehrsordnung und Verkehrsdichte zuließen, an jeden gewünschten Ort transportiert wurde. Er war eine treue Seele, in der ganzen Zeit fast nie krank und immer da, wenn ich ihn brauchte. Er fuhr mich durch alle Teile Hamburgs, durch Norddeutschland, nach Bonn, durch Hessen und Bayern bei Wahlkämpfen. Souverän, als sei dies immer so, folgte er einer Blaulicht ausstrahlenden Polizeieskorte in Belgien ebenso wie einem Panjewagen auf schmaler Landstraße in Zentralpolen. Wenn es galt, irgendeine Absperrung zu passieren, öffnete er sein Fenster und sagte mit Ehrfurcht einflößender Stimme nur: »Senator Seeler!« Das genügte in der Regel, und wir durften passieren. Bei Veranstaltungen fuhr er mich am liebsten bis zum Zentrum des Ereignisses und war oft nur mit Mühe zu bewegen, etwas abseits zu halten. Ganz selten vergaß er Termine und war dann sehr geknickt, wenn ein Kollege seinen Chef gefahren hatte oder der Chef gar zu Fuß gegangen oder öffentliche Verkehrsmittel benutzt hatte. Eine Entschuldigung war aber immer zur Hand, entweder waren alle Straßen – zur Mittagszeit! – total verstopft gewesen oder aber, er habe eine andere Zeit genannt bekommen oder sonst irgend etwas.

Seine Fürsorge für mich ging weit über das hinaus, was man von einem guten Fahrer erwarten kann. So mußten wir einmal zu einem Termin außerhalb Hamburgs fahren; der Tag war bis zur letzten Minute ausgefüllt mit Besprechungen, Sitzungen, Besuchen usw. Fürs Mittagessen blieb überhaupt keine Zeit. Wir waren froh, einigermaßen zeitig wegzukommen, um wenigstens pünktlich am Ziel zu sein. Kaum waren wir ’raus aus Hamburg – ich hatte mich in Akten vertieft – als Arthur fragte: »Haben Sie Hunger?« »Natürlich«, war meine etwas unwirsche Reaktion, »aber Sie wissen doch, daß wir keine Zeit zum Essen haben!« Er schob mir, ohne weiter zu sprechen, ein Paket mit Broten nach hinten und meinte nur trocken: »Hier, nehmen Sie das, Mutti« – so nannte er seine Frau – »hat gleich für Sie einige Schnitten mitgemacht, denn ich ahnte ja, wie es heute mit der Zeit laufen würde.« So war Arthur!

Mit dem neuen Amt kamen zunächst einmal sehr handfeste private Sorgen: Wir hatten kein Geld und mußten unser Erspartes – viel war das auch nicht – bis auf den letzten Pfennig in Anspruch nehmen. Mein Gehalt bei der Kirche war mir bis zum 11. Januar gezahlt worden. Es war ein Drittel des Monatsgehaltes. Anfang Februar würde das erste Senatorengehalt kommen, so rechnete ich. Aber dies war ein Irrtum, ich hatte die Geduld öffentlicher Stellen mit ihren Kunden weit unterschätzt. Ich wußte zwar, daß ich als Senator sehr viel mehr verdienen würde denn als Kirchenbeamter, aber zu sehen war von diesem neuen Gehalt auf meinem Konto kein Pfennig. Mitte Februar kam, aber ohne Geld, und am Ende des Monats war ich immer noch »gehaltlos«, obwohl alle von mir zu erbringenden Unterlagen längst in den zuständigen Händen waren. Fragen mochte ich auch nicht, denn wie würde es aussehen, wenn ein Senator sich um so profane Dinge wie Geld kümmerte! Ist da offenbar ein armer Mann zum Senator gewählt worden, könnte man sich fragen. Die Sache wurde noch schwieriger, als neben anderem auch eine Einladung zum Presseball auf den Tisch kam. Der Presseball, das Ereignis der Saison, das Fest der Eitelkeiten und Garderoben. Natürlich wollte man den Neuen, den Benjamin des Senates bestaunen und vielleicht auch ein wenig belächeln. Für uns hieß dies: Das erste lange Abendkleid für Ingrid und – was noch schlimmer war – ein Smoking für mich. Mehrere hundert Mark waren erforderlich, um diese Notwendigkeiten zu finanzieren, und das Konto war schon erheblich überzogen. In dieser Not kam mir meine Sekretärin zu Hilfe; sie hörte, als ich am Telefon einen meiner Kollegen, der ein halbes Jahr vor mir Senator geworden war, fragte, wie lange es denn dauere, bis man das erste Gehalt bekäme. Auf ihre Frage sagte ich ihr, daß ich immer noch auf mein erstes Geld wartete. Sie muß wohl sehr energisch geworden sein, jedenfalls dauerte es nur wenige Tage, und ich hatte die Gehälter für zwei Monate und kurz darauf dann auch schon das Märzgehalt auf dem Konto. Jetzt war die Welt wieder im Lot, und wir konnten zu Hause zum ersten Male empfinden, wie es wohl sein müsse, wenn man keine Geldsorgen mehr kennt.

Wie sehr Kleider Leute machen, erfuhr ich kurze Zeit später daheim im Garten:

Ich brauche Erde in den Händen und unter den Füßen, um mich wohl zu fühlen. So oft ich konnte – und ich konnte viel zu selten – war ich daher in meinem Garten tätig. Es machte mir einfach Spaß zu pflanzen und es wachsen zu sehen, ja, auch eine verwilderte Ecke vom Unkraut zu befreien und wieder ansehnlich zu machen. Ein Tag im Garten konnte für mich Erholung für eine ganze Woche sein. Natürlich trug ich dabei das älteste Zeug, alte Hemden mit Löchern an den Ellenbogen, ausgefranste Hosen und Gummistiefel. So anzusehen war ich denn auch eines Sonnabends – ich war schon einige Wochen Senator – im Garten dabei, die Rosen zu säubern und zu beschneiden, als ein Postauto neben mir hielt. Mit einem Telegramm in der Hand kam der Postillion auf mich zu und fragte in reinstem Hamburgisch »Wohnt hier der Senator?« »Ja«, war meine Antwort. »Ich hab' ein Telegramm für ihn, kannst' ihm das geben?« fragte er dann. »Ja«, war meine erneute Erwiderung, und ich bekam das Papier. Ich zog meine

Gartenhandschuhe aus und öffnete, um zu lesen, was mir zugedacht war. »Das 's nich für Dich, das 's für 'n Senator«, sagte der Beamte, als er sah, was ich tat. »Das weiß ich, deswegen mache ich ja den Umschlag auf, denn ich bin der Senator«, klärte ich ihn auf. »Oh, entschuldigen Sie bitte, das wußte ich nicht, das konnte ich ja nicht sehen«, war die etwas erschrockene Reaktion. »Das macht nichts«, beruhigte ich den Postboten, »im Garten trägt auch ein Senator nicht Schlips und Kragen und schon gar nicht seine besten Sachen.« Er fuhr davon und wird wohl noch lange darüber nachgedacht haben, daß er sich einen Senator eigentlich ganz anders vorgestellt hatte.

Weniger Probleme hatten unsere Nachbarn in der Straße mit meiner neuen Würde. Unsere Straße trug damals noch zu Recht den Namen »Weg«, denn sie war ein nichtbefestigter Weg, der im Laufe der Jahre von den Anliegern durch ständiges Ausfüllen von Löchern mit Schotter an Festigkeit gewonnen hatte. Trotzdem gab es bei Regenwetter und vor allem im Frühjahr bei Tauwetter viel Matsch und viele Schlaglöcher. Jeder Anlieger bemühte sich dann immer wieder, vor seinem Grundstück annehmbare Verhältnisse zu schaffen, der Oberkirchenrat ebenso wie der Betriebsmaurer bei der Alstermilchmeierei, der Botaniker ebenso wie der Tischler und Feuerwehrmann. Über Gartenzäune hinweg wurde geklönt, wurden das Wetter und der kommende Winter begutachtet, Erfahrungen und manchmal auch überschüssige Äpfel gegen Zwetschen ausgetauscht. Für die Nachbarn war ich »Herr Seeler«, obwohl jeder wußte, daß ich einen Doktortitel trug, aber »Herr Doktor« hieß nur der Arzt, nicht weil er promoviert hatte, sondern weil er eben Doktor war.

Jetzt war ich Senator, und es stand oft etwas in den Zeitungen über mich. Es erschienen Fotografen bei uns, um das Haus und die Familie so ganz natürlich und ungezwungen beim häuslichen Alltag abzulichten. Auch fuhr Arthur jeden Morgen ganz langsam – wegen des Matsches –, aber er fuhr vor, um mich abzuholen, und er stand dann da und wartete mit der ganzen Würde eines Senatsfahrers. Dies sahen die Nachbarn, und Oma Schulz von gegenüber stand immer am Fenster, um genau zu sehen, wie ihr Nachbar weg- und abends wieder zurückgebracht wurde. Nichts entging ihren Blicken. Aber niemand redete mich an in diesen ersten Tagen an, man redete zwar über mich und war wohl auch ein wenig stolz, einen richtigen Senator in der Straße zu haben, aber man wußte nicht, wie man es denn nun mit der Anrede halten sollte. Es dauerte aber nicht lange, und man traf sich wieder am Gartenzaun zu einem Klönschnack, ich in meinen alten Sachen und die Nachbarn in der gewohnten Vertraulichkeit. Ich war wieder »Herr Seeler« und blieb es! Auch das war ein Stück der notwendigen Erholung von der Gezwungenheit der ganzen Woche.

Wochen später erfuhr ich stückweise, was man sich so alles erzählt hatte. Eine Nachbarin sah in meinem neuen Amt auch handfesten Nutzen für sich und ihre Vermögenslage, denn sie meinte, wenn ein Senator in der Straße wohne, dann seien die Grundstücke doch gleich erheblich teurer geworden. Ein anderer erwartete, daß unsere Straße nun bevorzugt asphaltiert werden würde und auch Sielanschluß bekäme. Damit hatte es aber noch Zeit, denn Asphalt und Sielanschluß erhielten wir erst viele Jahre später und auch keinen Tag früher als ohnehin vorgesehen.

Ich bemerkte aber auch eine gewisse Fürsorge durch die Nachbarn. So wurde vor unserem Haus der Schnee mit weggefegt, wenn ich morgens nicht dazu kam.

Sehr viel später – ich war schon viele Jahre im Amt –

sorgten sich die Nachbarn auch um unsere Sicherheit. Als Finanzsenator hatte ich zwar keine ständige Bewachung, aber unsere Bramfelder Polizei beobachtete unser Grundstück häufiger als früher. Und auch unsere Nachbarn fühlten sich für unsere Sicherheit mitverantwortlich. Eines Tages war ein Auto mit ausländischem Kennzeichen langsam durch unsere Straße gefahren, hatte vor unserem Haus angehalten und es mehrfach fotografiert. Einer der Nachbarn sah das und erinnerte sich an die aktuellen Berichte über die Praxis der Terroristen. Er schrieb die Autonummer auf und gab uns auch eine exakte Personenbeschreibung. Die Polizei wurde informiert und recherchierte bis hin ins ferne Norwegen. Von dort kam nämlich das Auto. Nach vielen Wochen erfuhr ich das Ergebnis; es waren drei norwegische Architekten auf einer Studienreise durch Norddeutschland. Sie hatten Fotoaufnahmen in der nahen Siedlung Steilshoop gemacht und fanden unser Haus wert, abgelichtet zu werden. Als ich das dem wachsamen Nachbarn erzählte, meinte er trokken, besser so, als ich in der Gewalt von Terroristen oder erschossen an der nächsten Straßenecke nach mißglückter Entführung. Wir wollten ganz normale Nachbarn bleiben und so miteinander leben, wie es Nachbarn in einer kleinen Straße mit Einfamilienhäusern und winterfest gemachten Gartenhäusern eben tun. Das war gelungen und wir waren froh darüber.

Ich war kaum Gesundheitssenator, da bekam ich einen langen eng beschriebenen Brief, in dem vieles rot unterstrichen und zur Kennzeichnung der gewünschten Bedeutung des Geschriebenen manches auch gesperrt getippt war. Ich solle das Essen von Süßigkeiten, insbesondere bei Kindern, unterbinden, denn das sei die Ursache der Karies. Die Zahnärzte täten nichts dergleichen, denn sie lebten schließlich von der Karies, und dies sehr gut. Natürlich wurde von mir gefordert, energisch gegen das Rauchen vorzugehen, vor allem aber sollte die Behörde nicht mehr *Gesundheits*behörde heißen, dies sei eine Irreführung der Bürger. Wenn nur alle Menschen gesund leben würden, dann brauche man keine Krankenhäuser, wurde ich belehrt. Von Unfallopfern, angeborenen und altersbedingten Leiden hatte der Briefschreiber offenbar noch nie gehört.

Dieser Herr sollte für lange Zeit zu denen gehören, die mich ständig und sehr weitschweifig mit Post versorgten. Er war ein wohlhabender Mann, der es sich erlauben konnte, in Hamburgs bester Gegend zu wohnen und so zu leben, daß – wie er meinte – seine Gesundheit keinen Schaden nähme.

Alle seine Gedanken und natürlich alle seine Briefe umkreisten nur die Frage, wie man Menschen vor dem Kranksein schützen könne. Ein durchaus gutes Tun. Aber er schoß oft meilenweit über das Ziel hinaus.

Zu den Aufgaben der Gesundheitsbehörde gehörte die Aufsicht über Hamburgs Krankenhäuser, daher nahm ich mir vor, in relativ kurzer Zeit nacheinander alle Krankenhäuser zu besuchen, nicht nur, um sie kennenzulernen und um zu wissen, was sich hinter den Namen und den Nummern, die jedes Krankenhaus verwaltungsintern trägt, verbirgt, sondern auch, um die Menschen und ihre Sorgen gewissermaßen direkt vor Ort und nicht in der Atmosphäre eines Gespräches in der Behörde zu erfahren. Auf diese Weise wußte ich sehr bald, wo wirklich Not herrschte, wo bauliche Mängel und personelle Sorgen Abhilfe brauchten; ich wußte auch, wer von den Verantwortlichen eher zurückhaltend war und sich selbst zu helfen versuchte, ehe die Behörde bemüht wurde. Aber ich erfuhr ebenso auch, wo das Gegenteil zu Haus war. Es war eindrucksvoll zu sehen, mit wieviel Aufwand unsere Krankenhäuser sich um ihre Patienten bemühen. Das technische Angebot an Hilfsmitteln für den Arzt ist für den Laien oft überwältigend. Aber auch der Einsatz vieler Ärzte und Pflegekräfte – oft ohne Rücksicht auf Arbeitszeit und eigene Gesundheit – ist wahrhaft bemerkenswert. Natürlich gibt es – wie überall – auch Gegenbeispiele.

Ich wußte, daß meine Besuche auch Neugier hervorriefen. Man wollte den neuen und jungen Senator einmal persönlich sehen. Vor allem die jüngeren Schwestern, Helferinnen und Schülerinnen hatten ein legitimes Interesse hieran. Von Natur aus eher etwas zurückhaltend und verlegen, vor allem der holden Weiblichkeit gegenüber, hatte ich zuweilen Mühe, das Erröten zu vermeiden. Aber mir widerfuhr auch Vergnügliches: So war eines der ersten Krankenhäuser, das ich besuchte, die altehrwürdige Krankenanstalt St. Georg, die Seniorin unter Hamburgs Krankenhäusern. Noch ungeübt im Umgang mit soviel aparter Weiblichkeit, erwischte ich an jenem Tag einen Anzug mit völlig ungebügelter Hose. Dazu kam, daß ich – weil es regnerisch war – meine Füße in nicht gerade neue und deswegen auch nicht mehr glänzende Stiefel gesteckt hatte. Wahrscheinlich paßten auch die Strümpfe nicht zur Hose und zum Schuhwerk. Jedenfalls bemerkte nicht nur ich sehr bald beim Rundgang durch den damaligen Neubau in St. Georg die absolut unpassende Art meiner Kleidung. Auch andere bemerkten dies, wie ich am stillen Gekicher einiger jugendlicher Pflegedamen erkannte. Fast zur Säule erstarrte jedoch mein Referent, als er die Ursache dieses Vergnügens bemerkte. Am Nachmittag, bei der Eröffnung einer Ausstellung im Messegelände, zog er mich zielstrebig zu den Anbietern handlicher Bügelgeräte. Am Abend war ich Besitzer eines solchen Werkzeugs, damit derartiges Mißgeschick sich nicht wiederhole, wie er mir erleichtert erklärte.

St. Georg war auch sonst etwas Besonderes im Kreise der Hamburger Krankenhäuser. Wer dort Arzt ist oder war, pflegte dies häufiger als eigentlich erforderlich zu betonen. St. Georg ist dazu das einzige Krankenhaus, in dem sich Ärzte als Kabarett über sich selbst, vor allem aber über andere lustig machen. Immer zu Weihnachten, wo das Fest vorweg gefeiert wird, treffen sich auch St. Georgs Ärzte im Kasino zu löblichem Tun. Es wird bei dieser Gelegenheit, zu der Senator, Staatsrat, Präsident und Senatsdirektor als Gäste geladen sind, der »Heinrich« verliehen, eine Art Ehrenwürde in dieser Ärzterunde. Ursprung dieses Titels hängt mit einem leitenden Verwaltungsbeamten des Krankenhauses, der diesen Namen trug, zusammen.

Aber es wird auch Spaß getrieben; ein Kabarett von jüngeren Ärzten vorbereitet und aufgeführt, erheitert – und trübt auch zuweilen – den Abend. Niemand wird verschont, auch der Senator nicht. Gerechtes wie Ungerechtes findet gleichermaßen statt. Natürlich wird gegessen und getrunken; auch dies hat Tradition, denn stets gibt es herrliches Ochsenfilet. So stirbt denn jährlich ein Ochse für die Ärzte von St. Georg.

Zu den Einrichtungen, die ich besuchte, gehörte auch das Gerichtsmedizinische Institut. Aus meinen Studientagen in Kiel und den gerichtsmedizinischen Vorlesungen wußte ich, wie es dort aussah und zuging. So machte es mir nichts aus, im Keller die vielen dort auf ihre Untersuchung wartenden Toten zu sehen. Dort lagen Schicksale, junge und alte; es waren Menschen, von denen viele sicher gern noch weitergelebt hätten. Doch der Tod kennt keinen Terminplan. Den einen hatte eine tückische Krankheit getötet, den anderen ein Verkehrsunfall, und der Säugling im Arm seiner Mutter war mit ihr zusammen gestorben, bevor er richtig leben durfte. Im Nebenraum wurde gerade eine Leiche untersucht. Offen lag alles, was sonst Brustkorb, Bauchdecke und Schädel verhüllen. Man wollte es mir einmal so richtig zeigen und glaubte vielleicht, ich würde alsbald und rückwärts den Raum wieder verlassen. Aber ich blieb und fragte, was mich interessierte und ließ mir den Besuch keineswegs vergraulen.

Anders erging es Jahre später meinem Staatsrat: Nach jahrelangen Versuchen und vielen Fehlschlägen war es endlich gelungen, die operative Technik, erkrankte Gelenke durch künstliche zu ersetzen, so zu vervollkommnen, daß solche Operationen beinahe zur Alltagsroutine geworden waren. Professor Buchholz, der ärztliche Leiter des Krankenhauses St. Georg, hatte maßgeblichen Anteil an dieser Entwicklung. Er war ein gesuchter und vielbeschäftigter Chirurg. Ich wollte mir eine solche Operation einmal persönlich ansehen. Der Staatsrat und der Präsident der Gesundheitsbehörde hatten den gleichen Wunsch. So wurden wir also antiseptisch verkleidet und sahen zu, wie der Professor mit geübter Hand einen großen Schnitt in den Oberschenkel des Patienten machte, das Gelenk freilegte, mit einer Bandsäge den Gelenkkopf absägte und die kranke Gelenkpfanne ausfräste. Immer wieder mußten blutende Gefäße elektrisch geschlossen werden. Es zischte und schmorte dabei sichtbar und vernehmlich. Aber es war interessant zu sehen. Nur der Staatsrat entwickelte andere Interessen. Als der Operateur mit der Säge den Knochen durchtrennte, geradeso wie der Schlachter im Laden den Markknochen zerteilt, da ging der Staatsrat schlicht in sich und zu Boden. Ein Pfleger und der Anästhesist mußten sich im Nebenraum seiner annehmen.

Alltag im Amt

Der normale Alltag im Leben eines Senators besteht vor allem aus Akten, Gesprächen, Sitzungen und Reden. Manchmal muß er einfach nur dasein, dastehen, dasitzen und sonst nichts; das nennt man »Repräsentation«. Dann wird er umdrängt, fotografiert, geschoben, auf dies und das hingewiesen und immer muß er freundlich sein, am liebsten etwas lächeln, für alles Verständnis zeigen und von Zeit zu Zeit interessierte Fragen stellen. Immer wieder gelingt es den Leuten, die vor allem sich selbst für wichtig halten, zu ihm vorzudringen und ihn sehr oft mit »bedeutungsvollen« Belanglosigkeiten zu befassen.

Ich habe diesen politischen Alltag in dreierlei Weise kennengelernt: als Gesundheitssenator, als Justizsenator und schließlich, wie es offiziell heißt, als Präses der Finanzbehörde. Beispielhaft für den Senatoren-Alltag – ich war inzwischen mehr als zwei Jahre Gesundheitssenator – möchte ich einige Tage des Monats März 1969 beschreiben.

Montag, 3. März

Um acht Uhr pünktlich stand Arthur mit dem Dienstwagen vor der Tür. Wie für die meisten Menschen ist auch für mich der Montag ein gräßlicher Tag. Die ganze Arbeitswoche mit ihren Terminen und Aufregungen liegt vor einem, die Erinnerung an ein – manchmal – geruhsames Wochenende mit etwas Zeit für die Gartenarbeit oder für die Briefmarken oder auch zum Lesen oder für die Kinder ist noch ganz frisch. Der Mensch ist eben auch ein Wesen, das Ruhe und Bequemlichkeit mindestens ebenso liebt wie Arbeit und Streß. Die Fahrt in die Behörde nutzte ich, um zu lesen. »Der Spiegel«, »Die Zeit« und einzelne Artikel aus dem Pressedienst, die etwas umfangreicher sind und nicht nur so überflogen werden können, waren meine Lektüre. In der Behörde begann der Tag mit einem Blick in die Tageszeitungen, in denen Wichtiges und anscheinend Wichtiges bereits rot angestrichen war. Aber wenn irgend möglich, las ich auch Artikel und Berichte, die mit Gesundheitspolitik nichts zu tun hatten.

Um 9 Uhr fand die erste Besprechung statt, und zwar mit dem Pressereferenten und meinem persönlichen Referenten. Am Anfang meiner Tätigkeit im Senat hatten nur wenige Kollegen das Privileg, einen persönlichen Referenten und einen Pressereferenten zu haben. Der Gesundheitssenator gehörte nicht zu diesem Kreis. Gesundheitspolitik galt nicht als ein politisch hervorragender Bereich, so wie man den Begriff »politisch« eben zu verstehen meinte.

Weil ich gerade die Öffentlichkeitsarbeit für eine wesentliche gesundheitspolitische Aufgabe ansah, habe ich ziemlich bald nach meinem Eintritt in den Senat einen jüngeren Fachmann für diese Arbeit eingestellt, Dieter W. Schmidt. Er war gewandt und hatte Phantasie, manchmal sogar etwas zuviel, was ihm den Namen »Flunki« eintrug. Sehr schnell schaffte er die nötigen Kontakte. Er hat in diesen Jahren mit großen Erfolg und mit sicherem Blick das

Gesundheitswesen in Hamburg populär gemacht und eine vorzügliche Öffentlichkeitsarbeit gestaltet. Mit ihm und mit einem Mitarbeiter der allgemeinen Verwaltung wurde der Terminplan für die Woche durchgesprochen. Notwendige Absprachen und Terminklärungen wurden verabredet, zusätzliche Informationen und Vermerke in Auftrag gegeben. Danach war etwas Zeit, die Posteingänge durchzusehen.

Um 11 Uhr stand der nächste feste Termin auf dem Tagesplan; es war die Senatorenvorbesprechung im Rathaus. Guter Brauch war es, daß sich die Senatsmitglieder einmal in der Woche außerhalb der Senatssitzungen trafen, um miteinander die Senatstagesordnung, vor allem aber auch andere aktuelle Fragen zu besprechen. Dies ist auch die Gelegenheit, um vorher zu erörtern, was man in naher Zukunft in den Senat zu bringen beabsichtigt. So erfuhr man rechtzeitig, ob es Widerstände gab oder aber auch, auf welche besonderen Fragen man sich vorbereiten mußte. Wie so oft, so kam ich an diesem Morgen erst wieder in allerletzter Minute weg. Notwendige Telefonate und Anweisungen ins Haus, die sich aus dem Posteingang des Tages ergaben, brauchten eben ihre Zeit. Aber ich schaffte es trotzdem oder besser, Arthur schaffte es, mich rechtzeitig im Rathaus abzusetzen. Oben im Senatsgehege stand Herr Lowien, der umsichtige Chef der Ratsdiener, schon bereit, um den Mantel abzunehmen und in den Spind zu hängen.

Die Vorbesprechungen begannen stets mit einer Suppe, das war schon immer so und sollte sich erst Jahre später, als der Termin von 11 Uhr auf ½ 12 Uhr verlegt wurde, ändern.

Die Tagesordnung der Senatssitzung am nächsten Tag war kurz. Der einzige Punkt, der uns aufhielt, war eine Vorlage des Schulsenators Drexelius, der – wie so oft –

mehr Stellen für Lehrer außerhalb des jährlichen Haushalts bei der Bürgerschaft einwerben wollte. Jeder kannte die Vorlage, denn sie war mit der Tagesordnung verschickt worden. Trotzdem murrte unser Bürgermeister, wie er es oft tat, wenn mehr Geld gefordert wurde. Er war eben immer noch der alte Finanzsenator geblieben. Die meisten anderen Tagesordnungspunkte bedurften keiner Vorerörterung und würden am nächsten Tag wahrscheinlich ohne Debatte den Senat passieren. Am Schluß wurde noch etwas Manöverkritik an der letzten Bürgerschaftssitzung geübt. Ich hatte in dieser Sitzung eine Senatsvorlage zu vertreten, die sich mit der Verbesserung der Aufnahmeabteilungen in den Allgemeinen Krankenhäusern befaßte. Diese Vorlage war das Ergebnis gründlicher Untersuchungen, die ich alsbald nach meiner Amtsübernahme eingeleitet hatte. Der Tod eines Rundfunkjournalisten im Wandsbeker Krankenhaus Ende 1966 hatte den Anstoß zu dieser Überprüfung gegeben. Der Journalist, ein bekannter und beliebter Rundfunksprecher, war angetrunken in einem Treppenhaus gestürzt und hatte sich einen lebensgefährlichen Schädelbruch zugezogen. In der Unfallaufnahme des Krankenhauses Wandsbek hatte man ihn, ohne zu röntgen, zunächst nur als betrunken behandelt. Am nächsten Morgen war er, statt ausgenüchtert zu sein, tot. Die Presse hatte einen Sturm der Entrüstung entfacht. Diese »Erregung« war im Abklingen, als ich mein Amt übernahm. Jetzt hatte die Bürgerschaft sich abschließend mit den vorgeschlagenen Maßnahmen zu befassen, die aus finanziellen Gründen, aber auch weil die Planungskapazität begrenzt war, in mehreren Etappen verwirklicht werden sollten. Alles wäre problemlos gelaufen, wenn der Präsident der Gesundheitsbehörde nicht im Haushaltsausschuß gegen das Votum des Senats für eine schnellere Durchführung der Maßnahmen plädiert hätte. Ich mußte in der Bürgerschaft gegen meine Überzeugung die Senatsmeinung vertreten und mir von der Opposition süffisant vorhalten lassen, daß einer der leitenden Herren meiner Behörde ihre Meinung teile, daß nämlich die vorgesehenen Verbesserungen sehr viel schneller durchgeführt werden müßten.

Wohlgemeinte, aber auch kritische Anmerkungen von »Gottvater«, so hieß Bürgermeister Weichmann intern, wie von den Kollegen mußte ich mir anhören. Ich sollte den Präsidenten einmal »zur Brust nehmen« oder ich sollte deutlicher zeigen, wer denn der Chef in der Gesundheitsbehörde sei, so und ähnlich lauteten die »guten« Ratschläge.

Nach der Sitzung ging es zurück in die Behörde. Vorher noch nahm ich mein »Raucherdeputat« an mich, das aus einer Kiste guter Zigarren und drei Packungen Zigaretten bestand. Der Ursprung dieser »Sachleistung« an die Senatsmitglieder liegt im Dunkel der Nachkriegszeit, als Tabakwaren auf Bezugskarten und – für viele Raucher – viel zu knapp zugeteilt wurden. Damals hatte wahrscheinlich Bürgermeister Max Brauer durch seine Beziehungen zur Besatzungsmacht zusätzliche Tabakwaren für den Senat beschaffen können. Bei dieser monatlichen Zuteilung blieb es auch, als man längst wieder Tabakwaren in beliebiger Menge kaufen konnte. Ich verschenkte in der Regel meine Tabakwaren, da ich nicht rauchte. Nach dem Ausscheiden von Herbert Weichmann schaffte sein Nachfolger Peter Schulz diesen Brauch ab, und zwar in einer der kurzen Phasen, in der er selbst wieder einmal versuchte, zum Nichtraucher zu werden.

In der Behörde aß ich zusammen mit meiner Sekretärin zu Mittag; danach hatte ich Zeit, Akten zu lesen, Telefonate zu führen und anstehende Gespräche vorzubereiten.

Am Abend um 18 Uhr sollte ein Empfang auf der »Wappen von Hamburg« im Hafen sein. Die damalige Bundesgesundheitsministerin Käte Strobel wollte ihn geben, und zwar aus Anlaß einer Tagung der Weltgesundheitsorganisation in Hamburg. Für mich hieß dies, daß ich selbst keine Arbeit durch diesen Empfang hatte, sondern einfach nur dazusein brauchte. Aber dieser Traum war schnell dahin. Irgendwann am Nachmittag klingelte das Telefon, und ich erfuhr, daß Käte Strobel nicht kommen konnte; also mußte ich reden und das tat ich dann auch. Improvisierte Ansprachen gelingen oft besser als wörtlich vorbereitete Reden, die abgelesen werden. Die meisten meiner Reden habe ich ohnehin selbst verfaßt und in der Regel stichwortartig aufgeschrieben, um keinen Gedanken und vor allem keine Person, die es zu begrüßen galt, zu vergessen. Dieser Empfang verlief ohne bemerkenswerte Begebenheiten. Meine kleine Ansprache wurde gut aufgenommen und gab Anstoß zu kleinen Diskussionen am Rande des Empfangs. Der restliche Abend war frei!

Dienstag, 4. März

An jedem Dienstag morgens um 10 Uhr kamen der Staatsrat, der Präsident der Gesundheitsbehörde und der Senatsdirektor, der an der Spitze der Verwaltung steht, zu mir, um anstehende Fragen zu besprechen. Diese Gespräche waren auch für mich sehr wichtig. So erfuhr ich regelmäßig, was in der Behörde und in den Krankenhäusern geschah, ohne daß es dazu jeweils einer Terminabsprache bedurfte. Auch mir gaben diese festen Termine die Möglichkeit, meinerseits nachzufragen oder Aufträge zu vergeben und auf ähnliche Weise tätig zu werden. Diese Gespräche dauerten in der Regel bis mittags und wurden mit einem gemeinsamen Mittagessen abgeschlossen. Wie an jedem Dienstag um 15 Uhr war auch an diesem Tage die wöchentliche Senatssitzung.

Am Abend trafen sich die Delegierten des Kreises Wandsbek in der Landesdelegiertenversammlung, um den Landesparteitag der SPD am kommenden Wochenende vorzuberaten. Den Parteien kommt nach dem Grundgesetz eine wesentliche Rolle bei der politischen Meinungsbildung zu. Daher ist die wechselseitige Zusammenarbeit zwischen den politischen Mandatsträgern und den Parteigruppen eine wichtige Voraussetzung für das Funktionieren der demokratischen Willensbildung. Jeder Abgeordnete und noch mehr jeder Senator ist daher gut beraten, wenn er eine enge Bindung an die ihn tragende Partei sucht. Nur so verhindert er, daß seine Arbeit sich im politisch leeren Raum entwickelt und er selbst die für ihn notwendige politische Rückendeckung verliert. Aber dies kostet Arbeit und viel Zeit. Immer wieder muß man auf den verschiedenen Ebenen für seine Politik werben und überzeugen. Dies ist oft zeitaufwendiger als die eigentliche politische Arbeit, die Entscheidungsfindung und -umsetzung.

Mittwoch, 5. März

Um 9 Uhr an jedem Mittwoch trafen sich die Dezernenten der Behörde zu einer Gesprächs- und Meinungsaustauschrunde. Auch diese Gespräche waren wichtig, denn sie vermittelten die für die Entscheidungen so notwendigen Informationen und erlaubten auch, anstehende Fragen freimütig zu erörtern, bevor Entscheidungen notwendig wurden. Auf diese Weise wurde der Sachverstand der Fachleute, die nicht selten in den mittleren Ebenen der Behörden zu suchen sind, nutzbar gemacht und – was auch sehr wichtig ist – die Mitarbeiter bekommen ein gutes Selbstwertgefühl. Ich habe diese Gesprächsrunden in allen Behörden sehr gepflegt und viel Nutzen aus ihnen gezogen.

Um 11 Uhr erschien der Leiter der Hamburger Niederlassung der Firma Siemens bei mir. Er war ein kleiner, höflicher, aber wenn es um sein Geschäft ging, auch sehr bestimmter, ja fast schon aufdrängender Mann. An diesem Tage ging es um ein neues Projekt für die ambulante ärztliche Versorgung Hamburgs. Ich hatte von Anfang an für die organisierte Zusammenarbeit der niedergelassenen Ärzte geworben, beileibe nicht nur zur Freude der Ärzte, die in großer Zahl immer noch an überkommenen Vorstellungen vom alten Hausarzt hingen. Der Hausarzt war aber schon lange nicht mehr in der Lage, alle modernen Diagnose- und Therapiemöglichkeiten zu nutzen. Dazu fehlten ihm sowohl die Mittel als auch die Fachkenntnis.

Die Gruppenpraxis, in der Fachärzte verschiedener Richtungen mit Allgemeinmedizinern zusammenarbeiten, schien mir die geeignete Form der zeitgemäßen ambulanten ärztlichen Versorgung. Hier kann der Patient von allen in seinem Fall notwendigen Fachärzten – ohne lange Wartezeit und lange Wege – versorgt und behandelt werden. Diese Praxisform kann auch die Krankenhäuser von ambulanten Aufgaben weitgehend entlasten, die mehr und mehr auf sie zugekommen sind. Ein Hamburger Röntgenarzt hatte diesen Gedanken aufgegriffen und wollte ein großes Ärztehaus gründen. Er wollte natürlich auch Geld verdienen, was ihm keiner verübeln konnte. Die Firma Siemens war bereit, die Ausstattung zu liefern und auch in gewissen Grenzen ein Risiko mitzutragen. Dies zeigte mir, daß an der Sache etwas dran war, denn ohne sorgfältige Prüfung engagiert sich ein Unternehmen mit dem Ruf der Firma Siemens nicht in solcher Sache. Daher war ich im

Grunde bereit, diese Idee zu unterstützen und – wenn erforderlich – auch zu fördern.

Am Nachmittag war Personalversammlung im großen Sitzungssaal der Behörde. Der Personalrat war nach dem Gesetz verpflichtet, von Zeit zu Zeit alle Mitarbeiter während der Arbeitszeit zu Personalversammlungen einzuladen und über seine Arbeit zu berichten. Wenn immer es möglich war, nahm ich an diesen Zusammenkünften teil, um über Sorgen und Nöte, aber auch über die Stimmung der Mitarbeiter informiert zu sein. In der Praxis waren solche Personalversammlungen jedoch weitgehend einseitige Unternehmen. Es wurden Berichte gegeben und einige wenige Fragen beantwortet. Zu einer wirklichen Diskussion kam es selten und wenn, dann war diese spätestens zu Ende, sobald sich das Ende der täglichen Arbeitszeit näherte. – Abends gingen wir in die Oper und sahen »Aida«.

Donnerstag, 6. März

Am Vormittag hatte ich Zeit, um Akten zu lesen, Briefe zu diktieren und vor allem, um die Sitzung der Deputation am Nachmittag vorzubereiten.

Die Deputationen sind eine alte Hamburger Einrichtung. Sie setzen sich aus von der Bürgerschaft gewählten Bürgern der Stadt zusammen, die mit dem Präses der Behörde, also dem Senator, gemeinsam die Spitze der Fachverwaltung darstellen. Seitdem die Bürgerschaft in unmittelbarer, gleicher und geheimer Wahl von allen Bürgern Hamburgs gewählt wird, haben die Deputationen ihre frühere Bedeutung weitgehend eingebüßt. Sie verursachen Arbeit und kosten Zeit und Geld, ohne – von Ausnahmen abgesehen – wirklich effektiv zu sein. Ihre eigentliche Bedeutung haben die Deputationen nur für die jeweilige Opposition in der Bürgerschaft, denn deren Vertreter wirken über die Deputationen an der Exekutive mit, obwohl sie im Parlament in Opposition stehen. Vor allem aber erhält die Opposition auf diesem Wege Informationen für ihre parlamentarische Arbeit, die ihr sonst nicht zugänglich wären. Dies ist auch der eigentliche Grund, warum es für die Abschaffung der Deputationen im Parlament keine dafür erforderliche Mehrheit geben wird. Im Grunde also haben wir es hier mit dem verfassungsrechtlichen Kuriosum eines kollegialen Exekutivvorganges aller im Parlament vertretenen Parteien zu tun, eine liebenswerte Hamburgensie!

An diesem Nachmittag standen wichtige Fragen zur Entscheidung. Es sollte eine neue Organisations- und Leitungsform für die staatlichen Krankenhäuser diskutiert und beschlossen werden. Vorgesehen war, die verschiedenen Fachbereiche der Krankenhäuser in drei Departments, nämlich einem chirurgischen, einem internistischen und einem technisch-naturwissenschaftlichen zusammenzufassen. An der Spitze dieser Departments sollte jeweils ein verantwortlicher Arzt stehen. Diese drei Leiter bildeten dann zusammen das ärztliche Direktorium. Auf diese Weise sollten alle Bereiche der ärztlichen Tätigkeit im Krankenhaus in der Leitung stärker mitwirken und es sollte auch eine gewisse Entlastung für die ärztliche Spitze erreicht werden. Im Krankenhaus Harburg sollte dieses System erstmalig erprobt werden, da dort ein Wechsel der ärztlichen Leitung bevorstand. Nach intensiver Diskussion billigte die Deputation diesen Vorschlag.

Etwas später an diesem Nachmittag mußte ich in das Büro meines Kreises, denn mit dem Amt des Kreisvorsitzenden war viel Arbeit verbunden, die irgendwann in der Woche ihr Quantum Zeit erforderte.

Abends hatt ich vor den Mitgliedern eines Ortsvereins

der SPD über die Hamburger Gesundheitspolitik zu sprechen. Das Thema interessierte eigentlich immer, vor allem ergab sich sehr oft eine rege Diskussion. Es wurde 11 Uhr abends, als ich schließlich und müde wieder zu Hause war.

Freitag, 7. März
Zunächst gab es heute Geburtstag im Hause; mein Staatsrat Dr. Schattschneider wurde 48 Jahre alt, Anlaß genug zur Gratulation und auch zu einem kleinen Umtrunk. Dr. Schattschneider, der mir in der Gesundheitsbehörde für kurze Zeit und viele Jahre später wieder in der Finanzbehörde als Staatsrat zur Seite gestanden hat, gehört zu den wenigen Menschen, die Klugheit und sehr viel Sachkenntnis mit einer sehr sympathischen persönlichen Art im Umgang mit anderen Menschen verbinden. Er war in den Behörden geschätzt, beliebt und geachtet wegen seiner ausgleichenden Art.

Um 11 Uhr an diesem Vormittag fand wieder ein Gespräch mit den leitenden Herren der Behörde statt. Es stand der Wechsel im Vorsitz der Gesundheitsministerkonferenz bevor. Hessen hatte diesen Vorsitz seit zwei Jahren inne und sollte ihn nun abgeben. Eigentlich war das Saarland an der Reihe, aber dort tat man sich schwer. Der etwas kränkliche Minister Simonis wollte nicht zusätzliche Arbeit übernehmen, auch fehlte es dort an dem dafür notwendigen Personal und Büro. Also fragte man Hamburg, ob wir wollten. Eine reizvolle Aufgabe, denn es standen wichtige politische Entscheidungen bevor: das neue Krankenhausfinanzierungsgesetz, die Reform der ärztlichen Ausbildung, die Verbesserung der psychiatrischen Versorgung und andere Aufgaben. Präsident Dr. Zylmann, der zugleich den Vorsitz in der Konferenz der leitenden ärztlichen Fachbeamten übernehmen mußte, fand – wie ich – Interesse an der

Sache. So erklärten wir uns bereit, diese Aufgabe zu übernehmen, und es hat uns Spaß, allerdings auch sehr viel Arbeit gemacht. Dr. Zylmann und ich konnten gut zusammenarbeiten und haben in dieser Zeit manche Reformen einleiten und auch durchsetzen können. Am Ende war ich sogar drei Jahre Vorsitzender dieser Fachkonferenz. Es war eine Periode, die dem Gesundheitswesen der Bundesrepublik viele weiterwirkende Impulse gab.

Am Nachmittag dieses Freitags war ich selbst Patient. Ich war inzwischen über zwei Jahre im Amt und fühlte mich durchaus wohl, obwohl ich doch ab und zu spüren konnte, daß eine Woche mit 60 bis 75 Stunden kein Dauerzustand sein durfte. Ich ließ mich einmal gründlich untersuchen; Gott sei Dank, ohne negatives Ergebnis.

Am Abend dieses Freitags und auch am *Sonnabend, dem 8. März*, war Landesparteitag. Es gab heiße Debatten. Die Reform des Wahlrechts stand auf der Tagesordnung. Ich habe mich für eine Reform eingesetzt, die dazu führen sollte, daß diejenige Partei, die – wenn auch nur knapp – die Mehrheit bei Wahlen errungen hat, dann eine ausreichende Mehrheit an Sitzen im Parlament erhalten sollte, um vernünftig regieren zu können. Die große Koalition in Bonn, die erforderlich geworden war, als die FDP 1966 die Regierung verließ, war kein sehr zufriedenstellender Zustand. Draußen im Lande gab es Unruhen, es bildete sich die »Außerparlamentarische Opposition«, die Apo. Aber bei uns in der SPD gab es leider zu viel Kleinmut. Man hatte nicht das Selbstvertrauen, die Union einmal zu überrunden und dann allein regieren zu können; man wollte sich den Weg zu einer Koalition mit der FDP nicht verbauen.

Auch in Hamburg wollte man nach der Wahl 1970 die FDP wieder in den Senat holen, obwohl die Mehrheitsverhältnisse dies eigentlich nicht erfordert hätten. Man fürchtete die späteren Jahre, in denen es größere Schwierigkeiten zu bewältigen geben würde. Im nachhinein kann man sogar sagen, daß überhaupt erst die Beteiligung der FDP an der Regierung in Hamburg von 1970 bis 1974 zu der großen Veränderung in dieser Partei geführt hat, denn mit ihrer Mehrheit konnte die SPD den kleineren Partner immer wieder in die Ecke stellen. Daraus ergab sich eine innerparteiliche »Revolte«. Die linken »Jungtürken« in der FDP bekamen die Oberhand und trugen mit dazu bei, daß die SPD 1974 eine empfindliche Niederlage hinnehmen mußte.

Auf dem Parteitag am 8. März 1969 jedenfalls konnte ich mich nicht durchsetzen. Die Wahlrechtsreform fand keine Mehrheit.

Der Monat geht weiter.

Der Alltag auch des Politikers ist die ständige Wiederholung von Terminen, Gesprächsrunden, Besuchen, Sitzungen und dergleichen mehr, ist also die Routine. Die Lebendigkeit dieser Routine und das immer neue Gestalten des Alltages ist eine der Fähigkeiten, die ein Politiker beherrschen muß, wenn er nicht schon in »seinem« Hause Schiffbruch erleiden will. In dieser Hinsicht könnte die Schilderung der vergangenen Märzwoche 1969 einen aufschlußreichen Eindruck vermittelt haben, so daß ich mich im folgenden auf einige besondere Ereignisse beschränken möchte.

Am Dienstag, den *11. März* begann der Tag mit einer Sitzung der Gnadenkommission des Senats, der ich angehörte. Jahrelang hatte ich als junger Jurist und Richter in der Gnadenabteilung der Landesjustizverwaltung gearbeitet und erfahren, wie mühsam es ist, Gnade vor Recht ergehen zu lassen. Schon damals konnte ich allein über Haftunterbrechung, vorläufige Einstellung der Strafvollstrekkung und auch über Gnadenerweise bei kurzen Strafen entscheiden, und zwar im Namen und für den Senat, dem das Gnadenrecht zusteht. Jetzt war ich selbst Senat und damit letzte Gnadeninstanz. Man muß sich sehr hüten, Gefangener seiner eigenen Emotionen und Gefühle zu werden, man muß sich aber auch hüten, solche Sitzungen der Gnadenkommission, in der zwischen zehn und zwanzig Einzelfälle beraten werden, als Alltagsroutine abzuwickeln. Gerade hartnäckige Petenten reizen dazu, es so zu tun. Wenn ich zurückdenke, so sind es zwei Momente, die in der Erinnerung lebendig geblieben sind: einmal der Zweifel daran, ob das befristete Einsperren von Menschen wirklich nützlich ist, und zum anderen, wie oft die Ursache der Tat, die eigentliche Schuld – nicht im juristischen Sinne – gar nicht oder jedenfalls nicht ausschließlich beim verurteilten Täter liegt. Aber auch dies war nur selten durch Gnade zu korrigieren.

Am *12. März* feierte der Kreisverband Altona des Deutschen Roten Kreuzes seinen 100. Geburtstag. Es war ein richtiger Familienfeiertag. Ein großes Zelt stand auf einer regennassen Wiese, es gab Erbsensuppe, Bier und Musik und natürlich Reden, Reden und nochmals Reden. In meiner Ansprache, die am Anfang der langen Serie lag und daher noch auf eine gewisse Aufmerksamkeit des Publikums stieß, erinnerte ich an die Schlacht bei Solferino am 24. Juni 1859, die zur Gründung des Roten Kreuzes geführt hatte. Es war kein Fürst, kein Staat, sondern ein einzelner Mann, der hier die eigene Verantwortung spürte. Und dann bezog ich die Gegenwart ein in meine Gedanken und sprach von der großen Abhängigkeit des einzelnen heute vom Staat, von der funktionierenden Gesellschaft, über die zunehmende Unselbständigkeit und auch das zunehmende Desinteresse des einzelnen an der Gemeinschaft der Menschen. Das Rote Kreuz, so sagte ich, sei ein Beispiel für das, was wir brauchten, nämlich mehr Mitverantwortung des einzelnen an den Aufgaben und Problemen der Allgemeinheit.

Am Nachmittag war Sitzung der Bürgerschaft.

In dieser Bürgerschaftssitzung ging es um Bodenpreise für den Wohnungsbau in Kirchdorf und Neuwiedenthal. Wie so oft wurde – mit Worten – hart gestritten. Der CDU war alles zu teuer und die SPD verteidigte die von ihr zu verantwortenden Entscheidungen. Auch gab es eine Reihe kleiner Anfragen, die damals noch mündlich vorgetragen und vom zuständigen Staatsrat beantwortet wurden. Aus dem Bereich der Gesundheitsbehörde ging es – wie so oft – um angeblich fehlende Betten, diesmal insbesondere für Mandeloperationen. Dies war ein Dauerthema für den Sprecher der Opposition Dr. Wilhelm W. Für ihn bestand Gesundheitspolitik vor allem in der Vermehrung der Krankenhausbetten, für mich lag die Lösung eher in der Reduzierung der – bei uns in Deutschland – viel zu langen Liegezeit in den Krankenhäusern. Aber auch solche Debatten konnten humorvoll geführt werden. So habe ich Dr. W. in einer Haushaltsberatung über den Einzelplan der Gesundheitsbehörde einmal mit der Variation des Weihnachtsliedes »Alle Jahre wieder« begrüßt:

Alle Jahre wieder / kommt der Wilhelm Witten
in den Haushalt nieder / mit den knappen Betten. ...

Schließlich, neben manchen anderen Fragen – wie konnte es anders sein – gab es natürlich auch in dieser Sitzung der Bürgerschaft das Thema Schule! Diesmal ging es um die Verbesserung der politischen Bildung. Eine Bürgerschaftstagesordnung ohne irgendein Thema aus dem

Bereich »Bildung« war kaum mehr vorstellbar, so sehr liebten die Bildungsfachleute aller Fraktionen alles, was mit Schule und anderen Bildungsfragen zusammenhing. Nur der Plenarsaal wurde von Mal zu Mal leerer, wenn es um Schulfragen ging!

Am kommenden Tag setzte ich meine Besuche in den Hamburger Krankenhäusern fort. Alle staatlichen und gemeinnützigen Häuser hatte ich bereits kennengelernt. Heute wollte ich eine der größeren Privatkliniken in Hamburg aufsuchen, um mir einen Eindruck von diesen, aus der Krankenversorgung unserer Stadt nicht wegzudenkenden Einrichtungen zu verschaffen.

Erwähnenswert für diesen Tag ist aber auch ein Brief, den mir die damalige charmante österreichische Generalkonsulin, Frau Dr. Klein, geschrieben hatte. Ich hatte mit ihr anläßlich eines Empfangs auch über ihre Sorgen gesprochen, und zu diesen Sorgen gehörte, daß viele Österreicher – gleiches gilt natürlich auch für Ausländer aus anderen Ländern –, wenn sie nach Hamburg kommen, gerne auch einen St.-Pauli-Bummel unternehmen. St. Pauli hat für viele Gäste unserer Stadt eine magische Anziehungskraft, und die Reeperbahn sowie ihre Nebenstraßen gehören zu den Plätzen, durch die Hamburg in der Welt berühmt geworden ist. Der Morgen nach so einem St.-Pauli-Bummel aber bringt für viele Gäste dann eine oft böse Ernüchterung. Das Geld ist alle und oft wider Willen ausgegeben worden. Für viele bleibt der Weg zum Konsulat dann die letzte Hilfe, um jedenfalls für eine Heimreise die notwendigen Mittel zu bekommen. Um nun den Besuch in Hamburg und insbesondere den Besuch in St. Pauli und auf der Reeperbahn trotz der Gefahren zu einem risikofreien Vergnügen zu machen, hatte das österreichische Konsulat ein Merkblatt mit Hinweisen für einen St.-Pauli-

Bummel verfaßt. Diesen hatte mir die Generalkonsulin auf meine Bitte hin geschickt. Diese Hinweise lohnen, wenn auch ein wenig gekürzt, hier wiedergegeben zu werden:

1. Vertrauen Sie nicht den Behauptungen des Portiers. Gutgeführte Unternehmen bedienen sich nicht der als Portier getarnten Anreißer. Je größer der Aufwand an Worten ist, um so vorsichtiger sollten Sie sein.
2. Zahlungsstreitigkeiten ergeben sich fast nur in Betrieben mit Animierdamen. Sie sind in der Regel am Umsatz beteiligt und fast ausschließlich dazu eingesetzt, Sie zu einer möglichst hohen Zeche zu bewegen. Die Animierdamen suchen nicht das Vergnügen, sondern Ihr Geld.
3. Bekunden Sie nicht allgemeine Gastgeberbereitschaft, wenn eine Animierdame ein Getränk von Ihnen wünscht. Lassen Sie keinen Zweifel daran, daß jede Bestellung für die Animierdame von Ihnen persönlich aufgegeben wird.
4. Lassen Sie sich *vor* der Bestellung eines Getränks die Getränkekarte zeigen. Nach der in Deutschland geltenden Preisauszeichnungsverordnung können Sie die Vorlage der Preiskarte *vor* Abgabe der Bestellung und *bei der Abrechnung verlangen.*
5. Bezeichnen Sie genau auf der Preiskarte das von Ihnen gewünschte Getränk. Bei einer allgemein aufgegebenen Bestellung wird grundsätzlich das teuerste Getränk serviert. Lassen Sie sich von der Preiskarte nicht ablenken mit dem Hinweis, daß es hier nicht teuer sei.
6. Verweigern Sie die Annahme eines Getränkes, das Ihrer Tischdame serviert wurde, aber nicht von Ihnen bestellt wurde. Unterlassen Sie die Zurückweisung, müssen Sie damit rechnen, daß Ihnen der Preis für das Getränk in Rechnung gestellt wird.

7. Rechnen Sie möglichst nach jeder Bestellung sofort ab. Sie vermeiden Unklarheiten und Differenzen.
8. Begründete Beschwerden richten Sie bitte an die Davidswache (das ist Hamburgs berühmte Polizeiwache an der Reeperbahn) oder an das für die Gaststättenüberwachung zuständige Wirtschafts- und Ordnungsamt.

In der Tat, ein hilfreicher Ratgeber für einen St.-Pauli-Bummel, auch einen St.-Pauli-Bummel mit Animierdamen. Und welcher Gast in unserer Stadt möchte nicht auch einmal diesen prickelnden Reiz erleben.

Am Abend stand ein Besuch im Schauspielhaus auf dem Programm. Damals erhielten die Senatsmitglieder, ebenso wie zahlreiche Journalisten, noch Freikarten zu den Premieren. Nur die wenigsten mußten wirklich Premieren besuchen, der Rest hatte sein Vergnügen – umsonst. Ich leugne nicht, daß ich von dieser Möglichkeit oft und gern Gebrauch gemacht habe. Gewiß, wir hätten unsere Karten auch bezahlen können, aber dann hätten wir manchesmal doch überlegt, ob es sich lohnte, für dieses oder jenes Stück viel Geld auszugeben. So aber war es jedenfalls kein finanzielles Risiko. Auch halfen wir Senatsmitglieder mit unserem Premierenbesuch den Theatern ein wenig, denn so manch einer – ohne daß er es sich eingesteht – sieht doch zuweilen auch einmal ganz gern »die da oben« von ganz nah, so ganz menschlich.

Später wurde diese Praxis geändert. Anlaß gab der liebenswerte, doch eben manchmal auch ironische Freund Thaliens, Boy Gobert. Es war wohl in »Ein Glas Wasser« von Eugene Scribe, als er plötzlich zum Publikum gewandt über die vielen Hofräte zu plaudern anfing, die da ganz umsonst im Parkett säßen. ... Das ließ sich der Senat nur einmal sagen. Die Zahl der Freikartennutznießer wurde danach erheblich eingeschränkt, mit der Folge, daß fortan die wirkliche und vermeintliche Prominenz viel seltener die ersten Reihen im Parkett zierte.

Am *14. März*, es war ein Freitag, stand Wichtiges ins Haus; die Deutsche Krankenhausgesellschaft wollte ihre große Krankenhausfachausstellung im kommenden Jahr in Hamburg durchführen. Das neue Messezentrum bot die Möglichkeiten dafür. So erschien das Präsidium der Fachvereinigung der Verwaltungsleiter deutscher Krankenanstalten in Hamburg, um alles Nähere zu besehen und zu besprechen. Diese Bedarfsmesse für alles, was mit dem Krankenhaus und mit dem sonstigen Gesundheitswesen zusammenhängt, war schon interessant für Hamburg, sie brachte Geld in die Stadt und sicherlich auch interessante Informationen. 1970 war außerdem ein Wahljahr. Ob eine solche Fachtagung auch Hamburger Stimmen und dann noch für die Sozialdemokraten gebracht hat, das allerdings bezweifle ich.

Am Sonntag – ich mag es gar nicht sagen – waren wir schon wieder im Theater, diesmal im Thalia-Theater. Die folgende Woche war vollgepackt mit Terminen, nicht nur Routine, aber auch nicht vieles, was wert ist, nachgezeichnet zu werden, so überschlagen wir sie einfach.

Die letzte Woche im März war wieder voller Empfänge, Besuche und Reden; es ging von Cocktail zu Cocktail, vom kalten Buffet zum kalten Buffet, immer freundlich nach allen Seiten, immer in die vielen Kameras lächelnd und doch mit den Gedanken schon bei der nächsten Ansprache, beim nächsten Gespräch. Man kommt sich manchmal wie ein bunter Hahn im Hühnerhof vor. Immer – so wird erwartet – muß man etwas Kluges und Geistvolles sagen, muß frisch und munter dabei sein und muß natürlich und deutlich erkennen lassen, daß gerade die stattfindende Veranstaltung der Höhepunkt der Woche ist.

Am Nachmittag dieses 25sten war Bürgerschaftssitzung. Es wurde eine lange Sitzung, bis beinahe 22.30 Uhr. Aus meinem Bereich stand zwar nichts auf der Tagesordnung, aber als Abgeordneter hatte man dazubleiben. Für viele, die den ganzen Tag in ihrem Beruf gearbeitet hatten, war es ohnehin nicht ohne Mühe, am Abend bis zehn Uhr noch im Parlament zu sitzen. Andererseits aber hat die Hamburger Tradition des Feierabendparlaments auch den großen Vorteil, daß die Abgeordneten engen Kontakt mit der Berufswelt und dem Alltag der Bürger haben, also gegenüber den Nur-Abgeordneten der Gefahr, sich den tatsächlichen Problemen gegenüber mehr und mehr zu entfremden, nicht so sehr ausgesetzt sind.

Am letzten Märztag 1969 wurde der langjährige und auch populäre ärztliche Leiter des Harburger Krankenhauses, Professor Budelmann verabschiedet. Alle Welt der lokalen und der ärztlichen Prominenz gab sich die Ehre. Geredet wurde, lang und länger. Es gab Lob, fast zuviel Lob. Ich habe in meiner Ansprache, wie das so üblich ist bei solchen Gelegenheiten, zunächst einmal seinen Lebensweg und seinen beruflichen Werdegang betrachtet. Aber ich habe auch mit etwas Humor den Menschen Budelmann, den ich wegen seiner herzigen Direktheit mochte, gewürdigt. Er habe, um seine vielen Aufgaben und Ämter, vor allem auch im Kriege, bewältigen zu können, die zahlreichen Arme eines Tintenfisches, die zahllosen Füße eines Tausendfüßlers und als Herz das Triebwerk einer Boeing benötigt, so sagte ich zum Vergnügen der Anwesenden. Am Ende habe ich dann noch einmal auf das neue Departmentsystem hingewiesen, das in Harburg versuchsweise eingeführt werden sollte und um die aktive Hilfe aller verantwortlichen Ärzte gebeten. Die ganze Feierei endete mit einem großen Halali seiner Jagdfreunde.

Ansprachen und Tücken der Repräsentation

Das Reden muß des Politikers Lust sein, sonst versäumt er die Hälfte seiner Pflichten. Man will ihn hören, er soll seine Meinung – möglichst originell – darlegen. Zu allem und jedem soll er etwas zu sagen wissen und vor allem, er muß immer wieder Forderungen erheben, Vorschläge machen und auf andere Weise »von sich reden machen«! Darauf kommt es an, nicht sosehr, was aus dem Gesagten schließlich wird. Manches ist so schnell vergessen, wie es gesagt wurde. Mancher bekannte Politiker ist nur durch die Kraft und die Stärke seiner Worte, seiner Rhetorik bekannt und berühmt geworden. Wenn es später für ihn galt, nun auch zu handeln, zu führen und umzusetzen, was er gefordert und geredet hatte, dann blieb oft wenig vom einstigen Glanze.

Wenn es zu reden galt, so bekam ich die erforderlichen Sachinformationen aus dem Hause und zuweilen auch von meinem Referenten für Presse- und Öffentlichkeitsarbeit. Meine Reden machte ich in der Regel selbst. Nur wenn es sein mußte, arbeitete ich sie wortwörtlich aus. Am liebsten redete ich nach Stichworten, denn dann hat man die Freiheit der Gestaltung seiner Ansprache, kann eingehen auf Äußerungen der Vorredner und auf die Stimmung der Zuhörer, vor allem aber kann man seine Zuhörer direkt ansprechen, sie ansehen und braucht nicht mit auf das Manuskript gesenktem Blick vor ihnen zu stehen. Aber das ging nicht immer; manchmal brauchte die Presse oder ein nachfolgender Redner den wörtlichen Text schon vorher, manchmal auch mußte die Rede für ausländische Gäste vorher übersetzt werden. Hin und wieder schließlich, das gestehe ich durchaus ein, war die Zeit zu kurz oder aber auch die Lust zu gering, um sich intensiv vorzubereiten und mit der Sache, um die es ging, zu beschäftigen. Dann ist es leichter, einen wörtlich vorbereiteten Text vorzutragen. In den Jahren in der Gesundheitsbehörde habe ich etwa zweihundert Reden und Ansprachen vorbereiten und halten müssen.

Wie gesagt, ich bevorzugte es, nach Stichworten zu sprechen und das erleichterte es mir, auch mit ungewöhnlichen und manchmal schwierigen Situationen fertig zu werden.

Manchmal lagen die Anlässe, zu denen ich reden sollte, eng beieinander. Auf meinem Schreibtisch stapelten sich dann die Einladungen, Programmfolgen und dazu gehörende Redetexte. So konnte es nicht ausbleiben, daß die Papiere auch einmal durcheinander gerieten. Am 28. September 1967 zum Beispiel, sollte ich auf der 24. Tagung der Deutschen Gesellschaft für Verdauungs- und Stoffwechselkrankheiten sprechen. Ich saß im Audimax in der ersten Reihe und wartete auf meinen Auftritt, dann ging ich zum Pult und zog mein Papier aus der Tasche, dort las ich dann, daß ich die Freude hätte, die Gäste zum dritten internationalen Symposion »Rehabilitation und Bewegung« zu begrüßen. Nichts von Verdauungskrankheiten. Ich schwieg einige Sekunden, mein Kopf signalisierte mir – völlig zu Recht – du hast das falsche Manuskript eingesteckt. Aber da half nun auch nichts mehr. So redete ich frei darauflos, erzählte etwas über die Bedeutung der Verdauungs- und Stoffwechselprobleme in unserer Zeit des Wohlstandes und der Überernährung.

Ich merkte, die Zuhörer waren aufmerksam und als einige mir zunickten, wußte ich, daß ich die Stimmung getroffen hatte. Dann lobte ich Hamburg und empfahl zum Schluß, nicht nur zu tagen und zu arbeiten, sondern auch die Reize der Stadt kennenzulernen, um so selbst zu praktizieren, gewissermaßen als gutes Beispiel, was man tun kann zur Regulierung der eigenen Verdauung. Der Beifall war herzlich. Dr. Zylmann, mit dem ich vorher meine Ansprache erörtert hatte, hatte vergeblich auf seine Gedanken, die er mir mitgegeben hatte, gewartet. Er amüsierte sich sehr, als ich ihm von meinem Mißgeschick zuflüsterte. Aber außer ihm hatte es keiner gemerkt.

Nicht weniger schwierig ist es, wenn man zwar die richtige Rede in der Hand hält, aber deren einzelne Seiten aus irgendeinem Grunde durcheinandergeraten sind. So erging es mir, als ich im Juni 1968 über »Die Werbung für die Gesundheit« vor jungen Werbefachleuten sprechen sollte. Die ersten beiden Seiten lagen richtig hintereinander, dann aber ging es kreuz und quer. Auch hier blieb mir nur eins, zu improvisieren. Ich sagte meinen Zuhörern, daß zwar meine Ansprache durcheinandergeraten sei, daß sich dies jedoch nicht auf meinen Kopf übertragen habe, und redete dann ganz einfach über die Praxis der Gesundheitswerbung und über unsere Erfahrungen.

Da gab es unsere Anti-Rauch-Kampagne mit dem Poster »Rauchen ist doof!« Dieses Poster zeigte eine gewöhnliche Mauer, auf die jemand mit weißer Farbe die Worte »Rauchen ist doof« gepinselt hatte. Es wurde unser »Bestseller«! Auch das Gesundheitstelefon gehörte hierher, eine monatlich wechselnde Information zu Gesundheitsfragen, die man unter einer bestimmten Telefonnummer abrufen konnte. Die Idee war in Hessen entwickelt worden, um über Krebsvorsorgemaßnahmen zu informieren. Nach langen Verhandlungen hatte uns die Post eine Nummer zugeteilt, nicht ohne sich vorher garantieren zu lassen, daß wir uns für eine Mindestanruferzahl, d. h. für die Deckung der Unkosten verbürgten. Diese Form der Werbung kam an. Mehrere tausend Anrufer nutzten diese Möglichkeit der Information, und wir bekamen Mut, diese Aktion fortzusetzen. Sie lief einige Monate mit unterschiedlicher Resonanz. Immer aber waren es mehrere tausend Anrufer monatlich.

Dann kam der große Hit: »Intimhygiene« war das Thema. In wenigen Tagen waren alle bisherigen Rekorde gebrochen. Die Post mußte zusätzliche Leitungen schalten, um den Anruferstrom zu bewältigen. Am Ende der verlängerten Frist für dieses Thema waren es mehrere hunderttausend Anrufer, die sich für Intimhygiene oder was sie hinter diesem Thema vermutet hatten, interessierten. Von überall her kamen Anforderungen nach dem Text der Ansage und selbst aus Südamerika wurde angefragt, ob man das »Intimbuch« bekommen könne, die dortige Zeitung habe davon berichtet. Seither läuft das »Gesundheitstelefon«, und die Post hat nie mehr an die Garantie einer Mindestanruferzahl erinnert. Als die erste Million voll war, erhielt ich feierlich eine goldene Schallplatte mit dem Ansagetext überreicht.

Aber wir hatten auch Erfolg mit sehr viel ernsteren Problemen. Dazu gehörte die Werbung für die Schluckimpfung gegen die Kinderlähmung. Diese Seuche war nur auszurotten, wenn sich ganze Jahrgänge, und zwar regelmäßig, an der Schluckimpfung beteiligten. Hier half uns das

Fernsehen. Es wurden kleine Werbefilme für die Schluckimpfung gedreht, die den Slogan »Schluckimpfung ist süß / Kinderlähmung ist grausam« in ständig wechselnder Weise sehr direkt in die Familien brachten. Wir hatten Erfolg; die Teilnahmeziffern an der Schluckimpfung stiegen kräftig an. Auch halfen wir etwas nach, indem wir z. B. Berichte »erfanden«, daß in Polen wieder einige Fälle von Kinderlähmung aufgetreten sein sollten und man Sorge habe, daß diese Seuche nach Deutschland eingeschleppt werden könnte, nachdem sie nun gerade erst ausgerottet sei. Das half; sofort stiegen die Teilnehmerzahlen an der Schluckimpfung. Manchmal muß man die Menschen auch ein wenig zu ihrem Guten zwingen.

Für die Werbefilme erhielt ich sogar den goldenen und den bronzenen Löwen der Filmfestspiele in Venedig und Cannes.

Diese und andere Beispiele erzählte ich den jungen Werbefachleuten und am Ende erhielt ich großen Applaus – trotz des durcheinandergeratenen Manuskripts.

Ein Senator muß über dies und das, er muß über vieles reden. Nicht nur Einweihungen und Personalveränderungen oder Kongreßeröffnungen sind die Themen, es geht auch um Jubiläen, Ausstellungen, Preisverleihungen, Botschafterbesuche und Volksläufe. Diese Volksläufe, die der Poppenbüttler Sportclub zehn Jahre lang durchgeführt hat und die schließlich viele Tausende von Teilnehmern anlockten, waren ein fester Termin in meinem Kalender. Im ersten Jahr hatte Heinz Ruhnau als Sportsenator die Schirmherrschaft übernommen, war dann aber nicht gekommen. Ich vertrat ihn und hatte eine von seinem Büro vorbereitete Ansprache in der Tasche. Gott sei Dank hatte ich diese Rede im Auto kurz durchgelesen, denn auf dem

Sportplatz gab es kein Rednerpult und nur ein Mikrofon, das man aber in die Hand nehmen mußte. Man hatte also keine Möglichkeit, eine Ansprache vorzutragen, denn mit einer Hand allein konnte man das Manuskript nicht umblättern. Also ließ ich es in der Tasche und plauderte ganz allgemein über Sport und Gesundheit und was man sonst so sagt und auch erwartet, daß es gesagt würde. Ich machte es ganz kurz, denn die Leute wollten laufen und wandern, aber nicht lange Reden hören und frieren. Den Startschuß für den ersten Lauf sollte ich geben, aber die Tücke des Objektes oder besser der Pistole war, daß sie nur dann laut gab, wenn der Abzug ganz durchgedrückt wurde. Dies konnte ich nicht, denn meinen Finger hatte ich zu weit durch die Schlaufe mit dem Abzugshahn hindurchgesteckt. Trotz aller Versuche – und dazu war die Zeit sehr kurz – erreichte ich den Druckpunkt nicht. So rief ich denn laut mein Kommando und bei »los« rannten die Sportler davon. Aber es knallte nicht, erst der zweite Versuch hatte Erfolg und so knallte ich hinterher!

Manche Verlegenheit kann das Protokoll bereiten, vor allem dann, wenn ein Veranstalter das Risiko eingeht, möglichst viele anwesende Ehrengäste zu begrüßen.

Im Senat unserer Stadt ist die Rangfolge einfach, dennoch sinnvoll gelöst. Grundsätzlich sind alle gleich, auch die Bürgermeister sind »nur« ›primi inter pares‹, Erste unter Gleichen. Ist ein Senator anwesend, dann ist der Senat präsent. Dort, wo es darauf ankommt, richtet sich die Reihenfolge nach der Dauer der Zugehörigkeit zum Senat und wenn bei mehreren diese Dauer gleich ist, nach dem Lebensalter.

Jährlich einmal bittet die Führungsakademie der Bundeswehr zu einem Neujahrsempfang in ihre Räume nach Blankenese. Jeder offizielle Gast wird am Eingang vom

Gastgeber, dem Kommandeur, begrüßt und erhält einen Offizier zugewiesen, der ihn betreut und begleitet. Man trifft dort alles, was Rang und Würde sein eigen nennt. Glanzpunkt dieses Empfangs ist immer ein phantastisches Buffet mit allen Gaumenfreuden, die die Kochkünstler der Bundeswehr produzieren können. Vorher aber gibt es Begrüßungsreden und in ihnen persönliche Grußadressen.

Ich war schon seit einigen Jahren Senator und wieder einmal eingeladen zu diesem Neujahrsempfang. Da der damalige Bürgermeister Peter Schulz verhindert war, sollte ich den Senat vertreten und einen Neujahrsgruß überbringen. In Erwartung der Ansprache stand ich mit meinem Begleitoffizier und klönte mit meinem schleswig-holsteinischen Kollegen, dem damaligen Justizminister Schwarz. Nach gängigem Protokoll waren wir beide hier die Ranghöchsten. Die Begrüßung durch den Gastgeber machte es den Gästen sehr schwer, irgendeine, geschweige denn eine protokollarisch korrekte Ordnung zu erkennen; sie begann mit dem Vizepräsidenten der Bürgerschaft, dem liebenswürdigen Herrn de Chapeaurouge, dann folgte der Altbürgermeister Dr. Weichmann, dann wurde »Herr Minister Schwarz als Vertreter seines Landes« erwähnt, dann wurde der anwesenden Abgeordneten von Bundestag, Bürgerschaft und anderer Parlamente (!) gedacht. Es folgten weitere Gäste und schließlich wurden auch noch die Vertreter des Hamburger Senats – einen gab es überhaupt nur im Raum – freundlich erwähnt. Vermutlich war ein Senator für den Kommandeur so etwas wie ein Stadtschreiber einer Zweitausendseelengemeinde oder das Mitglied einer Honoratiorenvereinigung, wie in Bayern. Offenbar fiel diese merkwürdige Reihenfolge selbst den im Protokollarischen wenig bewanderten Offizieren auf. Jedenfalls sprachen mich einige der Herren an und meinten, ich müsse entschuldigen, der General sei noch zu neu in Hamburg.

Vergnüglicher geht es zu, wenn jemand sich mit hanseatischen Besonderheiten vertraut machen will. So hat der Senator als Chef einer Fachbehörde (Ministerium) die Bezeichnung »Präses«. Da der leitende medizinische Fachbeamte der Gesundheitsbehörde den Titel Präsident trägt, entstehen manchmal, vor allem außerhalb Hamburgs, Probleme, wer denn wohl der »Höhere« sei. Und so geschah es dann zuweilen, daß in Grußadressen zunächst der Herr Präsident und danach der Herr Präses begrüßt wurde.

Heiterer noch wird es im Lande Bayern. Ich hatte als Vorsitzender der Gesundheitsministerkonferenz einmal die Jahrestagung der Ärzte im öffentlichen Gesundheitsdienst zu begrüßen. Dies ist eine Berufsgruppe, die mehr im Schatten der finanziellen Sonne ihres Standes lebt, tatsächlich aber Erhebliches leistet. Ich habe mich bemüht, ihnen etwas aus diesem Schatten herauszuhelfen. Dafür habe ich dann später die Johann-Peter-Frank-Medaille erhalten.

In Bayern nun, in Bad Reichenhall, sollte ich für die Gesundheitsminister ein Grußwort sprechen. Gleichzeitig war der damalige Staatssekretär im Innenministerium, der spätere Münchner Oberbürgermeister Kiesl angereist, um für das Land Bayern zu grüßen. Ihm paßte es nicht, nach mir reden zu sollen, also gab er vor, er müsse zeitig nach München zurück und bat mich, ihm den Vortritt zu lassen. Mir war es egal. Er aber begann, daß er als Vertreter des Bayrischen Ministerpräsidenten sich freue, die Anwesenden zu grüßen, und machte deutlich, daß ihm hierbei der erste Rang gebühre. Nun, ich habe ihm, zum offensichtlichen Vergnügen der Teilnehmer, dann eine Lektion über

Hamburgisches Verfassungsrecht erteilt und gesagt, daß ich nicht in Vertretung des Hamburger Bürgermeisters spreche, sondern daß ich als Senator praktisch der »Hamburger Ministerspräsident« sei, da Hamburg ein kollegiales Staatsoberhaupt habe. Auch sonst nutzte ich die Chance, ihm in den Augen der Teilnehmer ein wenig die Schau zu stehlen.

Peinlich kann eine Rede werden, wenn sie den Erwartungen der Zuhörer völlig zuwiderläuft. Das ist mir einmal passiert: Die Handwerkskammer Hamburg hatte mich eingeladen, die Festansprache bei der Ehrung der Landessieger des Leistungswettbewerbs der Handwerksjugend 1977 zu halten. Der Präsident der Kammer, der zugleich CDU-Deputierter in der Finanzdeputation war, hatte mir gesagt, ich solle doch einmal ein klares Wort zur Haushaltslage und zu der ernsten finanziellen Situation sagen, das könne für die jungen Leute ganz eindrucksvoll sein. Und so hielt ich eine Festansprache, in der ich über die Einnahmen- und Ausgabenentwicklung Hamburgs berichtete und die verschiedenen fiskalischen und politischen Probleme der Finanzpolitik unserer Stadt erläuterte. Ich merkte sehr bald, daß es unruhiger im Saal wurde und daß man offenbar nicht mit einer längeren Rede gerechnet hatte. Als ich dann – vieles übergehend – zum Schluß kam und mit der Hoffnung schloß, das Auditorium nicht gelangweilt zu haben, erntete ich mehr Gelächter als Beifall. Der Präsident klärte dieses Mißverstehen auf, aber es blieb eine unschöne Erinnerung, und dabei hätte ich es mir viel einfacher machen können mit einer der üblichen kurzen und heiteren Festansprachen.

Während der 16 Monate, als ich Präses der Justizbehörde war, hatte ich verhältnismäßig wenig zu reden; zwanzig

Reden etwa sind es gewesen, darunter eine zur Einweihung der Schwimmhalle in Bramfeld, um die ich mich stets sehr gekümmert hatte, nicht nur, weil ich Bramfelder Abgeordneter war, sondern weil ich es für dringend hielt, daß Bramfeld und das neue Steilshoop, eine moderne Wohnsiedlung, ein solches Sportzentrum bekämen. Um so mehr freute ich mich, Ende 1973 für den Senat die Einweihung vornehmen zu können, nicht zuletzt auch, weil wenige Monate später die Bürgerschaftswahl sein sollte. Aber geholfen hat es nichts. Das Wahlergebnis in Bramfeld war gerade rund um die Schwimmhalle herum besonders schlecht für uns. Ich glaube ohnehin nicht mehr daran, daß solche und ähnliche »Wahlgeschenke« einen nennenswerten Einfluß auf das Wahlverhalten der Bürger haben. Und das ist auch gut so!

Sehr viel zahlreicher war das, was an Reden aus meiner Zeit als Finanzsenator übriggeblieben ist; es war auch bunter und vielseitiger, denn der Finanzsenator muß zu vielen Dingen reden und möglichst auch etwas sagen. Als Vorsitzender vieler Aufsichtsräte gehören Probleme der öffentlichen Versorgung mit Gas, Wasser und Strom zum Themenkreis seiner Ansprachen. Aber die Entgegennahme eines Uhrzeigers von der Uhr des Michaeliskirchturmes, dem Wahrzeichen Hamburgs, damit dieser zugunsten des Vereins »Rettet die Deichstraße« – eines der letzten althamburgischen Viertel – versteigert werden sollte, oder die Eröffnung der »Nordposta 75«, einer großen Briefmarkenschau, fielen denn doch etwas aus dem Rahmen.

Matthiae-Mahlzeit, Empfänge und andere Freuden der Eitelkeit

Zu den allzu menschlichen Dingen gehört die Freude an Geselligkeit: man kann von sich erzählen und zuweilen anderen auch zuhören; man kann seiner Eitelkeit freien Lauf lassen und – wer könnte schon von sich behaupten, er kenne diese lästerliche Tugend nicht – man kann wohlwollend, häufiger sicher auch durch die kritische Brille, mancher Mitmenschen eitle Erscheinung betrachten.

Solche Ereignisse im Dasein eines Senators sind auch wieder nicht so häufig, daß man sie zum Alltag zählen müßte.

Das große Gastmahl des Jahres, zu dem der Senat lädt, ist die Matthiae-Mahlzeit am Ende des Winters in den letzten Februartagen. Geladen werden die konsularischen Vertreter aller in Hamburg arbeitenden Konsulate, geladen werden sodann alle, die ihren Rangplatz auf der Liste des Protokolls haben, und das sind viele. Geladen werden aber auch seit einigen Jahren verdiente Bürger, die ehrenamtlich irgendwo mitarbeiten und von den Fachbehörden vorgeschlagen werden. Viele gibt es, die liebend gern geladen werden möchten. Aber das Fassungsvermögen des großen Festsaales im Rathaus setzt dem Grenzen. Und dann kommen sie alle, die geladen sind, die meisten natürlich im Auto vor das mit einem Baldachin geschmückte

Portal des Rathauses gefahren. Wenige kommen auch ganz einfach zu Fuß.

Schon in der Halle des Rathauses beim Ablegen der Garderobe trifft man einander, begrüßt sich freundlich oder nickt einander nur zu. Manchmal ist bei dieser Kür der Gedanke im Raume, ohne ausgesprochen zu werden, wieso denn auch der oder jener hier als Geladener erscheint und für würdig befunden wurde, an der Senatstafel mitzuessen. Dann geht es die breite Treppe hinauf zum Festsaal. Rechts und links stehen mit ruhiger Miene, in alter Tracht mit schwarzen Schnallenschuhen und blauen Kniebundhosen zu einer roten Weste, die Ratsdiener, in Wahrheit für diesen Abend angeheuerte Polizeischüler. Wunderschön ist der Blumenschmuck, der die Etappen dieses Weges begleitet.

Oben in den Festräumen trifft man sich dann ganz zwanglos zum Plaudern. Sekt mit oder ohne Orangensaft, Sherry oder anderes Trinkbares wird gereicht. Die Damen beachten mit Aufmerksamkeit die gezeigten Garderoben, die Herren haben hierzu weniger Gelegenheit, da sie fast ohne Ausnahme im üblichen Smoking erscheinen. Einzig die Fliegen und die Hemden lassen geringe Spielräume für individuelle Gestaltung. Da man in Hamburg von Orden und Ehrenzeichen seit altersher nicht nur nichts hält, sondern als Senatsmitglied sie auch nicht annimmt, so ist auch derartiger Tand nicht zu bestaunen. Nach einer Weile kommt Bewegung in die Menge, man strebt zur Tür, zum sogenannten Turmzimmer. Dort stehen die Bürgermeister mit ihren Damen oder Herren und der Staatsrat der Senatskanzlei mit seiner Frau, um die Gäste persönlich durch Handschlag zu begrüßen. Bei etwa fünfhundert Gästen eine durchaus strapaziöse Tätigkeit.

Nach diesem Marsch findet sich dann alles im Kaisersaal

wieder. Dieser Raum trägt seinen Namen zu Ehren Kaiser Wilhelms II., der hier nach der Einweihung des Nord-Ostsee-Kanals verweilte. Er soll, so heißt es, schlechter Stimmung gewesen sein, da ihn der damalige Bürgermeister als »Unser Hoher Verbündeter« ganz korrekt nach der Reichverfassung angeredet hatte. Um ihn später wieder zu versöhnen, wurde eine Bronzetafel angebracht, die an dieses Ereignis bis heute erinnert, und der Raum bekam den Namen »Kaisersaal«. Allerdings findet man unter den dort stehenden Büsten neben Bismarck und Moltke nur Kaiser Wilhelm I. So sind die Hanseaten, sie denken auch an den Herrn Großvater, wenn sie den Enkel ehren wollen.

An der Decke über den Häuptern der Betrachter prangen die Namen aller deutschen Hafenstädte mit ihrem Wappen. Geschmückt ist diese ehrbare Versammlung und überaus reich verziert mit textilarmen Damen, die in seemännlicher Begleitung in den Wogen spielen, wie gesagt, ganz ohne! Dabei ist die Nord- und auch die Ostsee doch meistens viel zu kalt! Aber unsere Vorväter haben es durchaus verstanden, auf ansprechende Weise Mythologie und Augenweide miteinander zu verbinden.

Wenn nun alle Gäste die Bürgermeister begrüßt und sich gegenseitig ausgiebig betrachtet haben, dann geht es zu Tisch in den großen Festsaal. Jeder hat vorher ein kleines Kärtchen bekommen, dem er entnehmen kann, wo sein Platz ist und welche Dame ihm das Vergnügen der Nachbarschaft bereiten wird. Guter Brauch ist es auch, daß am unteren, Verzeihung, am anderen Ende der Tafel stets ein Senatsmitglied sitzt, damit niemand das Gefühl haben muß, »unten«, also schlecht gesetzt worden zu sein. Ich habe bei all den Matthiae-Mahlzeiten, bei denen ich Gast war, fast immer an diesem Ende der Tafel gesessen, manchmal mit interessanten, manchmal auch mit sehr stillen oder sehr redefreudigen Nachbarn.

Ebenfalls im Festsaal lohnt sich ein Blick an die hohen Wände. In gewaltigen Bildern wird gezeigt, welchen Weg Hamburg vom urwüchsigen, natürlich mit gewaltigen »deutschen« Eichen bewachsenen Landstrich an Elbe und Alster bis zum Hafen der Jahrhundertwende genommen hat. Auch auf diesen Bildern gibt es Bemerkenswertes zu sehen oder besser nicht zu sehen. So ist ein Kirchenmann abgebildet, und vor ihm stehen einige unserer germanischen Ahnen, er aber segnet ins Leere. Man sagt, daß bei der Einweihung dieser Räume der damalige Hamburger Bürgermeister Anstoß daran genommen habe, daß ein Hamburger vor einem Bischof kniee. Dies, so wird berichtet, habe den Senat veranlaßt, eine Änderung des Gemäldes zu fordern. Der Maler tat, wie ihm gesagt, und übermalte den Knienden einfach mit Landschaft. So segnet der fromme Mann heute ins Leere. Auch von Perspektiven wußte der Künstler wenig, jedenfalls zeigt das große »Hafenstück« an der einen Schmalseite am Horizont und im Dock gewaltige Schiffe; andere Ozeanbezwinger, mehr im Vordergrund, haben die Dimensionen von Barkassen.

Nun man sitzt und plaudert mit den Nachbarn, nachdem man erneut Hände geschüttelt hat. Auch macht es Spaß, zu sehen, wer denn wo und neben wem sitzt. Hier kann Schadenfreude auch zum stillen Vergnügen werden, wenn man so sieht, was der Zufall und das Protokoll zusammengeführt hat.

Ein zierliches Büchlein mit eingeprägtem Hamburger Wappen und durch eine rot-weiße Schnur gebunden, liegt auf jedem Platz und verkündet die Speisenfolge, die angebotenen Weine, aber auch die Musik, die Reden, die man erwarten kann – und eine einleitende Erklärung dieses Mahles:

Matthiae = Mahlzeiten
1356–1976

Schon seit 1356 wissen die Chronisten von dem alljährlichen Convivium Eines Ehrbaren Rates. Zu Anfang des neuen Geschäftsjahres, bald nach der Ratsumsetzung, gewöhnlich im Februar zu Matthiae, wurde das Festmahl angesagt, »sofern es die Zeitläufte erlaubten«. Der Senat, die Vertreter der Hamburg freundlich gesonnenen Mächte, Bürger und Inhaber hoher Stadtämter – damals etwa 40 Personen – schritten zur Tafel, die mit dem Ratssilber und Blumen gezieret war. Als Zeichen besonderer Courtoisie war angeordnet, »auf des Rates Tische vor den fremden Ministern ein Messer aufzudecken«. Für das Festmahl wurden außer dem Schaugericht, einem vergoldeten Alsterschwan, in einem Gang Forellen, Kapaunenbraten, Rehrücken, Kalbsviertel und Mandelmilch aufgetragen, dazu Bier und Wein in Fülle. – Des Rates Musikanten boten zu den Tafelfreuden die Instrumental=Begleitung, und zur Barockzeit wurde sogar im Auftrage des Rates eigens von dem Kantor Georg Philipp Telemann eine Festmusik komponiert,

> *»zu ergötzen die Herzen*
> *mit Singen und Scherzen,*
> *weil Hamburgs regierender Götterkreis*
> *lacht« (Text der Tafelmusik Anno 1721).*

Haben schließlich alle ihren Platz gefunden, sich mit ihren Nachbarn bekannt gemacht und zuweilen auch schon gesprochen, so öffnen sich an der Schmalseite die Türen und eine Schar schwarzgewandeter dienstbarer Geister erscheint, auf ihren Armen Tabletts mit der Vorspeise. Im

Jahre 1976 war es ›Cocktail de Caprice‹, dazu Toast und Butter. An Weinen konnten wir in jenem Jahr genießen entweder ›1969er Wehlener Münzlay Riesling Auslese‹ oder ›1971er Hochheimer Domdechaney Riesling Spätlese‹ oder auch beide!

Als zweiten Gang gab es ›Beef tea mit Mark‹ und danach als Hauptgericht:

›Gespickter Mastochsenfiletbraten
Sauce Aberdeen
Grilltomate, sautierte Steinpilze
Prinzessbohnen, Spargelspitzen
Pariser Kartoffeln.

Der Wein hierzu war ein ›1970er Château Roquevieille Côtes des Castillon Appellation Bordeaux Supérieur Contrôlée‹.

Es dauerte eine geraume Weile, ehe alle dreihundert oder vielleicht noch mehr Gäste sich an all diesen Speisen erfreut hatten und ehe dann Teller und Bestecke geziemend entfernt waren. Zwischendurch war Musik von der Empore zu hören von Telemann, Bach, von Mozart, Gluck und Stamitz, gespielt von den Hamburger Symphonikern. Aber, wie schon gesagt, nur zu hören; um die Musik zu genießen, war es viel zu laut, dies Gerede und Gelache der Dreihundert. Ab und an wurde Beifall geklatscht, mehr, um die Musiker zu versöhnen und weniger, um die Qualität des Gebotenen zu loben.

Nun aber war Zeit zur Pause, und diese Pause wird durch mancherlei Reden ausgefüllt. Nach altem Brauch wird in Hamburg erst nach dem Hauptgang geredet und das tut zunächst der Bürgermeister, so auch am 27. Februar 1976.

Danach nahm, wie im Programm – neben Speisen- und Musikfolgen verzeichnet war – S. E. der außerordentliche und bevollmächtigte Botschafter der Vereinigten Staaten von Amerika, Martin J. Hillenbrand, das Wort. Was er zu sagen hatte, ist vergessen, aber er redete nicht lange und mit Humor! Nun nicht genug, noch mußte das Eis auf den Verzehr warten, denn als dritter Redner nahm als besonderer Gast Bundeskanzler Helmut Schmidt die Gelegenheit wahr, in seiner Heimatstadt zu sprechen. Dann endlich gab es Eis, nicht einfach Eis, sondern ›Cointreau-Eisauflauf‹, eine leckere Sache.

Zu den das Mahl beendenden Gaumenfreuden ging man in die vielen großen Räume neben dem Festsaal. Mokka, Gebäck oder Liqueur oder Cognac gab es nun. Die Tischdame wird ihrem Gemahl oder auch nur »Begleiter« wiederzugeführt, und die eigene Frau gesucht. Dies ist die Stunde der Unterhaltung, des Gesprächs.

So kann es spät werden und dann oft gemütlich, wenn die Räume sich leeren und die Ratsdiener Bier servieren. Aber am Ende muß auch der letzte Gast das Haus verlassen. Wer die Gebräuche kennt und sich dazu noch gut mit den Ratsdienern versteht, kann sich aus den Vasen voller herrlicher Blumen einen Strauß zusammenstellen oder bekommt ihn mit Grazie überreicht.

Für offizielle und festliche Tafelrunden gibt es vielerlei Anlaß im Laufe eines Jahres. Von besonderer Art sind festliche Mahlzeiten aus Anlaß des Besuches von Staatsoberhäuptern, Kaisern, Königen, Präsidenten, von solchen, die demokratisch gewählt sind ebenso, wie solchen, die mit Gewalt an die Macht gekommen sind. In einem sind sie sich alle ähnlich; sie lieben das Gepränge des Protokolls und sie sind – fast alle – höchst eitel. Aber je näher sie sich dem Volke wähnen, das sie beherrschen, je nötiger sie dieses Volk zur Rechtfertigung ihrer Macht brauchen – ohne es je vielleicht danach gefragt zu haben –, desto intensiver sind die Sicherheitsvorkehrungen, die ein solcher Besuch notwendig macht, auch um sie vor ihrem Volk, soweit dies in Hamburg lebt, zu schützen.

So besuchte am 3. Juni 1967 der damals noch lebende und regierende Schah von Persien zum zweitenmal Hamburg. Jahre vorher war er mit seiner damaligen Frau Soraya, von der dann viele Jahre lang die Illustrierten und ähnliche Blätter lebten, in Hamburg gewesen und von der Bevölkerung gefeiert worden. Inzwischen hatte sich manches in Iran verändert; es war auch mehr und mehr bekannt geworden, mit welchen Methoden der Schah zu herrschen pflegte, und es wohnten mehr Iraner, vor allem auch Studenten bei uns, die auf ihren Monarchen nicht gut zu sprechen waren. Der Zeitplan des Besuches sah kein Essen, sondern nur einen Empfang im Rathaus vor, gegeben zu Ehren »Ihrer Kaiserlichen Majestäten Mohammed Reza Schah Pahlavi Aryamehr, Schahanschah von Iran und Farah Pahlavi, Schahbanu von Iran«, wie es in der offiziellen Einladung hieß. Angetan mit Smoking, die Damen in langen Kleidern, so warteten wir auf die Gäste. Der Rathausmarkt war voller Menschen, die nicht nur zur freundlichen Begrüßung erschienen waren, wie zu hören war. Aber was dann kam, als die Kolonne der Fahrzeuge mit den Gästen, vom Gästehaus des Senats kommend, auf den Rathausmarkt einbog, das stellte alles in den Schatten, was Hamburg an Lärm je erlebt hatte. Ein ohrenbetäubendes Pfeifkonzert, ein Gegröle und ein Heulen setzte ein, wie es selbst altgediente Rathaushasen noch nie erlebt hatten. Was wäre geschehen, wenn die Menge losgebrochen wäre und sich auf die Wagen gestürzt hätte? Die Polizei hätte eine Katastrophe kaum verhindern können.

Wir alle waren froh, als der Gast schließlich im Rathaus angelangt war. Ob man den Schah nun mochte oder nicht, er war Gast unserer Stadt. Die Stimmung blieb den ganzen Abend, so wie die Begrüßung, kühl, ja frostig.

Jahre später besuchte der damalige jugoslawische Präsident Tito Hamburg. Der Sicherheitsaufwand war gewaltig, er wurde nur noch übertroffen von den Maßnahmen, die für notwendig gehalten wurden, als im Frühjahr 1978 der damalige Erste Sekretär der KPdSU, Leonid Breschnew, kurz in Hamburg weilte, um mit dem Kanzler in dessen Haus zu sprechen.

Beim Besuch Titos und seiner Frau Jovanka wurden nicht nur alle Straßen, durch die er fahren mußte, von der Polizei bewacht, es wurden alle Brückenpfeiler von Tauchern untersucht, und auch kein Deckel über den Abwasserkanälen auf diesen Straßen blieb ungeöffnet.

Jedes Senatsmitglied bekam einen acht Seiten langen Hinweis über den Ablauf des Besuches am 27. Juni 1974. Nichts, aber auch gar nichts, war vom Protokoll vergessen worden. So hieß es dort unter der Überschrift *Ankunftszeremoniell*: »In einem Abstand von 12 m von der Stelle, an der I. I. E. E., der Präsident der Sozialistischen Föderativen Republik Jugoslawien und Frau Broz aus dem Flugzeug steigen werden, stehen von rechts nach links (zum Flugzeug gesehen):

Bürgermeister Schulz, Frau Dr. Schulz und Präsident (der Bürgerschaft) Dau ... Nach Ankunft des Flugzeuges begibt sich der Chef des Protokolls des Senates in das Flugzeug, wo ihn der Chef des Protokolls des Auswärtigen Amtes, I. I. E. E. dem Präsidenten der Sozialistischen Föderativen Republik Jugoslawien und Frau Broz vorstellt. Der Chef des Protokolls des Senates geleitet I. I. E. E. den Präsidenten der Sozialistischen Föderativen Republik Jugoslawien und Frau Broz anschließend aus dem Flugzeug, wo sie Bürgermeister Schulz am Fuße der Treppe begrüßt.«

Was bedeutet I. I. E. E., fragte ich mich nach mehrfacher Lektüre dieser Protokollanweisungen? Sind es die Abkürzungen von unbekannten Titeln oder Ehrungen? Nichts dergleichen, ganz einfach »Ihre Exzellenz«, und dies eben zweimal, weil von zwei Ehrengästen die Rede ist.

Danach – und das Protokoll regelte alle Einzelheiten mit größter Genauigkeit – machten die Besucher eine Hafenrundfahrt, bevor sie zum Essen ins Rathaus kamen. Wir, die Mitglieder des Senats, mußten uns bis 12.30 Uhr im Phönixsaal versammeln. Aus Sicherheitsgründen, so war uns vorher mitgeteilt worden, sei eine Anfahrt mit dem Wagen nur bis 12.20 Uhr möglich. Danach dürfe im Umkreis von 150 m kein Wagen geparkt werden. Da ich nun nicht Lust hatte, eine Dreiviertelstunde auf I. I. E. E., den Präsidenten der usw. zu warten und auch zu tun hatte, gingen Ingrid und ich zu Fuß ins Rathaus und waren so durchaus rechtzeitig zur Stelle. Obwohl das Protokoll vorsah, daß die Mitglieder des Senats und ihre Ehefrauen »im offenen Halbkreis mit dem Rücken zum Fenster in der Reihenfolge nach dem Dienstalter Aufstellung« nehmen sollten, war es hier doch etwas zwangloser. Wir standen und warteten; vor uns auf einem Podest tat die Presse das gleiche, Kameraleute, Fotografen und Berichterstatter.

Tito und seine ihn überragende Frau Jovanka erschienen. Er war kleiner, als man von vielen Fotos her meint, und man sah ihm sein Alter nicht an. Wir wurden vorgestellt und begrüßten die Gäste mit Handschlag, dann wurde feierlich das Goldene Buch geöffnet und die Gäste trugen sich ein, immer eine Seite für jeden Gast. Dies erleichtert es später, Seiten zu entfernen, wenn die Unterzeichner nicht mehr in der Gunst der Geschichte stehen.

Danach wurden Geschenke überreicht. Tito erhielt einen goldenen Verfassungsportugalöser und Frau Broz ein Service-à-deux. Alle anderen Gäste fanden ihre Geschenke später auf ihrem Platz beim Essen. Das Protokoll hatte lederne Schreibmappen vorgesehen! Zunächst aber begaben wir uns alle in den Kaisersaal, erfrischten uns an Sekt und den bei solchen Anlässen üblichen Getränken, während die Gäste die Hände aller derer drücken mußten, die sonst noch zum Essen, das heißt, zum Senatsfrühstück, eingeladen worden waren. In den Hinweisen des Protokolls steht vermerkt, daß »bei der Vorstellung die Hand gereicht wird«. Darauf wäre ohne diesen Hinweis wohl keiner der Gäste gekommen!

Dann endlich ging es zu Tisch. Dazu sagt nun wieder das Protokoll: »Sobald die Gäste den Saal betreten, setzt die Musik ein.«

So waren und sind Staatsbesuche in Hamburg immer, und so werden sie auch bleiben. Sie unterscheiden sich je nach Jahreszeit und Wetter, nach Dauer, aber auch nach Bekannt- und Beliebtheit der Gäste. Unvergessen ist der Besuch von Rumäniens Staats- und Parteichef Ceausescu mit seiner Frau und einem großen Gefolge. Zur Vereinfachung des Besuchsprogramms und auch aus Sicherheitsgründen wurde er mit einem Hubschrauber vom Flughafen aus direkt in die Stadt gebracht. Der Zufall wollte es, daß schneller als wohl erwartet ein heftiges Gewitter heraufzog, in dessen Windböen der Hubschrauber geriet. Es muß sehr turbulent zugegangen sein, jedenfalls erschien der mächtigste Mann Rumäniens, der übrigens auch in Wirklichkeit viel kleiner ist als auf Fotos, sehr ernst und mit bleichem, fast grünweißem Gesicht im Rathaus. Das ganze Begrüßungszeremoniell wurde kürzer als üblich abgewickelt, und auch das Essen schien den Gästen, jedenfalls denen, die geflogen waren, nicht sonderlich zu schmecken. Um so intensiver aßen die rumänischen Gäste, die mit dem Auto ins Rathaus gekommen waren.

Besonders herzlich war der Besuch, den Hollands Königin Juliane und ihr Mann, Prinz Bernhard, unserer Stadt abstatteten. Nach gutem alten Brauch erwartete der Bürgermeister die Gäste vor dem Senatsgehege, also am oberen Ende der Treppe, die in die Räume des Senats führt. Beim Besuch der holländischen Königin im Rathaus durchbrach er diesen Brauch und begrüßte die Gäste schon am Eingang des Rathauses. Dieses Entgegenkommen im doppelten Sinne galt aber nicht der Königin, sondern der Dame!

Die Königin trug, so wie man es bei Königinnen eben erwartet, sehr viel und vor allem auch sehr kostbaren Schmuck. Ein sehr schön eingefaßter Stein, der ihr Collier zierte, erlebte bei diesem Besuch in Hamburg eine sonderbare Geschichte. Er war in der Rathaushalle unbemerkt zu Boden gefallen und von einem der Rathausdiener gefunden worden. Dieser nun war nicht besonders bewandert im Beurteilen und Bewerten solcher kostbaren Dinge. Er hielt den Stein schlicht für ein Produkt der Gablonzer oder ähnlicher Fertigung, also für einen »Glasdiamanten« oder auch schlicht für Talmi. Kurz, er nahm ihn und steckte ihn ohne besondere Gefühlswallung in die Tasche.

Über ihm, in den Festräumen des Senats, begrüßte indes die Königin pflichtgemäß und mit dem dazu passenden huldvollen Lächeln die Gäste und drückte Hand nach Hand. Doch plötzlich, einer weiblichen Eingebung folgend, griff sie zu ihrem Collier, vielleicht nur um zu fühlen, ob denn auch alles in gebührender Ordnung säße. Der Anhänger mit dem Stein war weg! Kurze Unterbrechung des Zeremoniells, kleiner Wortwechsel mit dem neben ihr stehenden Prinzen Bernhard und dem hinzugebetenen Protokollchef, und alsbald schwärmten dienstbare Geister aller Rang- und Gehaltsstufen aus, um das Verlorene zu suchen. Auch in der Halle schließlich wurde gebückt, wie bei solchem Tun üblich, nach dem Verschwundenen geforscht. Dies sah unser Ratsdiener und er fragte: »Was sucht ihr denn da?« »Die Königin hat einen wertvollen Schmuck verloren«, war die Antwort. Er suchte mit und dachte nicht an den Stein in seiner Tasche, denn es wurde ja ein wertvoller Schmuck gesucht. Schließlich erinnerte er sich seines Steines und zeigte ihn und fragte: »Den hier meint ihr doch nicht?!« Aber sie meinten ihn und zogen glücklich zur Königin, die ihn wieder ihrem Halsschmuck hinzufügte.

Aber die Geschichte war noch nicht zu Ende. Etwas später, die Gäste saßen beieinander und aßen, als die Königin erneut ihren Stein am Halse vermißte. Diesmal lag er unter ihrem Stuhl. Ehe andere dies so recht bemerkt hatten, hatte sich der Prinz gebückt und kurzentschlossen den Stein in seine Jackentasche gesteckt. Daheim sollte der königliche Hofjuwelier Arbeit bekommen.

Ganz anders verlief ein Besuch, den der französische Staatspräsident Giscard d'Estaing in Hamburg abstattete. Ich schreibe bewußt »in Hamburg« und nicht »Hamburg«, denn der Präsident war von Bundeskanzler Schmidt zu einem Gespräch in sein Haus eingeladen worden; er war nur insoweit Gast der Stadt, als er im Gästehaus des Senats, an der Schönen Aussicht, wohnte. Wie immer bei solchen Gelegenheiten, gab es ein Essen, nicht im Rathaus, sondern auf Einladung des Präsidenten im Hotel Vierjahreszeiten.

Wen unsere französischen Nachbarn zu Tisch laden, der hat – auch in Hamburg – Französisch zu können. Mir ward also die Ehre zuteil, eine Einladung zu erhalten, auf der zu lesen stand:

Monsieur Valery Giscard d'Estaing
Président de la République Française
prie Monsieur le Sénateur Hans Joachim Seeler
de lui faire l'honneur d'assister à un déjeuner
à l'Hotel Vier Jahreszeiten, à Hambourg,
le Mardi 6 Juillet, á 13 heures.

Zu deutsch: »Herr Valery Giscard d'Estaing, Präsident der Französischen Republik, bittet Herrn Senator Hans-Joachim Seeler, ihm die Ehre zu geben, an einem Essen im Hotel Vier Jahreszeiten in Hamburg am Dienstag, den 6. Juli um 13 Uhr teilzunehmen.«

Ich nahm teil. Der Kanzler stellte die Gäste dem Präsidenten auf englisch(!) vor und danach wurde gegessen. Eine wunderschöne Speisekarte lag auf den Plätzen, eine Zeichnung von Georges Seurat zierte sie und eine Kordel in den Farben der Tricolore hielt sie zusammen. Auch hier wieder erfuhr nur, wer Französisch verstand, was ihn an Speisen erwartete. Aber die Franzosen sind galant! Als Hors d'oevre gab es ›Jambon à la Holstein‹, alsdann konnte man ›Filets de soles roulés à la Helgoland‹ verspeisen und am Ende gab es – es war Juli – ›Fraises des quatre Pays‹, das sind zu deutsch Vierländer Erdbeeren.

Staatsbesuche können für Überraschungen besonderer Art sorgen. Dabei denke ich nicht an ausgefallene Wünsche, wie etwa die Whisky-Marke, die Ceausescu unbedingt wünschte und die in ganz Hamburg nur mit großer Mühe aufgetrieben werden konnte. Ich denke auch nicht an das überlange Bett, das für den Besuch von General de Gaulle extra beschafft werden mußte, um ihm eine bequeme Nachtruhe zu ermöglichen. Dies alles ist normal und macht deutlich, daß Staatsbesucher eben auch Menschen bleiben, egal was sie sind und wie hoch ihr Rang ist.

Bemerkenswert, in des Wortes mehrfacher Bedeutung, war der Besuch des israelischen Finanzministers mit dem wirklich zum Amt passenden Namen Ehrlicher in Hamburg. Als Finanzsenator fiel es mir zu, Gastgeber zu sein, und ich war es gern, denn mit Herrn Ehrlicher ließ sich gut und auch interessant unterhalten. Zum Programm dieses Besuches gehörte auch ein Abendessen im Überseeclub. Dies ist an sich keine anmerkenswerte Begebenheit, aber in diesem Fall wurde sie es doch. Wir standen beieinander und unterhielten uns, als ein Herr aus der Begleitung des Gastes auf mich zukam und mir sagte, daß dieser Tag ein jüdischer Feiertag sei; man feiere das Lichtfest, und ob ich etwas dagegen hätte, wenn man beim Essen an diesen Anlaß erinnern würde. Natürlich hatte ich nichts dagegen, und so wurden wir deutschen Teilnehmer an diesem Essen Zeugen einer jüdischen Andacht mit Schriftlesung und Gesang, und dies beim Schimmer besonderer Lichter. Warum sollten die Gäste eigentlich nicht ihren Feiertag begehen? Ich stellte mir nur vor, ich würde an einem unserer christlichen Feiertage, etwa zu Weihnachten, in einem mohammedanischen Land zum Abendessen eingeladen sein und dies als offizieller Besucher des Landes, und ich würde dort mit meinen deutschen Landsleuten das Lied »Stille Nacht, Heilige Nacht« anstimmen und dazu aus der Weihnachtsgeschichte vorlesen lassen. Die Menschen und Völker haben eben ihre Gewohnheiten und auch ihre, durchaus liebenswerten, Eigenarten – alle auf ihre Weise.

Wenn man von den vielen Essen des Jahres berichtet, so darf die »Lange Nacht« der Handelskammer nicht fehlen. In alter Zeit war es guter Brauch, daß die Mitglieder des Vorstandes und der Vertreterversammlung der Kammer nach der letzten Sitzung des Jahres noch zusammen blieben und aßen; daraus wurde dann oft eine lange Nacht. Dieser Name ist geblieben. Einige Vertreter der Stadt, unter ihnen der Finanzsenator, werden dazu gebeten, wenn etwa Mitte Dezember die Repräsentanten des Handels und der Wirtschaft sich treffen, um miteinander zu essen und vor allem zu plaudern. Es gibt kaum eine bessere Gelegenheit als diese, um vom Stand der Wirtschaft zu erfahren, um die Finanzpolitik des kommenden Jahres zu erläutern und nicht zuletzt auch, um den einen oder anderen guten Rat mitzunehmen. Aber auch hier heißt es, wachsam zu sein. Wenn ein Banker auf die Frage nach der Zinsentwicklung rät, den Kreditbedarf der Stadt sobald wie möglich zu decken, da die Zinsen mit Sicherheit wieder steigen würden, dann kann man beruhigt abwarten, dann ist auch für die nächste Zeit genug Geld zu unveränderten Zinsen zu haben. Als 1974 die Zinsen auf über 10 % gestiegen waren, war dies eines der Themen, über die man am 13. Dezember mit dem neuen Finanzsenator plauderte. Auf meine Frage, wann die Zinsen nun endlich wieder fallen würden, hieß es fast einmütig, die Zeit der niedrigen Zinsen sei endgültig vorbei, nie wieder würden wir Zinssätze von 5 oder 6 % bekommen, allenfalls bis 8 % könnten sie sinken. Ende 1976 waren die Zinsen wieder dort, wo sie seit den 60er Jahren nicht mehr gewesen waren, bei 5 %! Auch hier gilt also die Erfahrung, daß man nie »niemals« sagen sollte.

Ein Ereignis besonderer Art im Laufe eines Jahres ist das Harburger Vogelschießen.

Einmal im Jahr steht Harburg Kopf. Im Juni, immer dann, wenn sich der Tag der Schlacht von Waterloo oder Belle-Alliance jährt, wählt Harburgs prominente Männlichkeit ihren Schützenkönig. Jedoch das eigentliche Ereignis, das Schießen um die Königskette, geschieht am

Rande. Viel wichtiger ist der große Ausmarsch durch die Stadt und das Spargelessen im großen Zelt auf dem Festplatz.

Jahrelang hatte ich zu diesem Ereignis eine Einladung bekommen, ohne ihr folgen zu können. Das tat mir leid, da viele Harburger mich immer wieder und sehr herzlich eingeladen hatten, einmal Gast des Vogelschießens zu sein. Aber schließlich klappte es mit den Terminen. Morgens früh traf sich alles, was Rang und Namen hatte, im Rathaus zu Harburg, die Schützen, angetan mit ihren Uniformen, über und über mit Orden und anderem Zierat bedeckt. Bei manchen war es nur noch eine Frage der Zeit, daß sie auch die Rückseite der Jacke in Anspruch nehmen müßten, um den ehrenden Zeichen Platz und gebührende Geltung zu verschaffen. Nun denn, niemand möge in Abrede stellen, daß Lob und Anerkennung, Ehrung und Erfolg für des Lebens zufriedenen Gang ebenso wichtig sind wie Nahrung und Gesundheit.

Auch die prächtigen Hüte, nicht weniger verziert als die Jacken, sollten erwähnt werden. Wir Gäste aus Senat und Verwaltung standen zwischen all dieser männlichen Pracht in unserer grauen Gewandung fast etwas traurig und verloren da. Da hatten es doch unsere Vorfahren im Amt in ihrem spanischen Ornat leichter, gebührend erkannt zu werden. Ist die Zeit gekommen und die Musik bereit, dann schreitet man würdevoll hinunter – wobei jeder nach vorne zu drängen pflegt –, um an der Spitze des Festzuges gebührend plaziert zu sein. Vor dem Rathaus formiert sich der Festzug und von der Musik angeführt, setzt er sich in Bewegung. Gemessenen Schrittes geht es durch die vorherbestimmten Straßen, begleitet vom Beifall der Spalier bildenden Menschen. Guter Brauch ist es, daß man Blumen zugeworfen oder überreicht bekommt. Man behält sie nicht, sondern sucht sich seinerseits Menschen am Rande der Straße, denen man die Freude weitergeben kann. Ich gestehe, es machte Vergnügen, an einem solchen Festzug teilzunehmen und zu erfahren, wie gut, ja wie wohltuend Gemeinschaft für uns Menschen zuweilen ist.

Am Ende erreichte der Zug dann das Festzelt; hier wartete der beste Schinken und der zarteste Spargel auf die Gäste, natürlich ergänzt um die notwendigen Appetitanreger. Natürlich wurde auch geredet; der 1. Patron der Harburger Schützengilde von 1528 e. V. als Gastgeber sprach, auch der Vertreter des Senates. Wenn nicht der Bürgermeister selbst, so tut dies der dienstälteste unter den anwesenden Senatoren. Ich hätte sehr gern den Schützen und den Harburgern einmal gesagt, wie gut es ist, Traditionen zu bewahren und damit auch Gemeinsames zu pflegen, um dem Menschen die ihm in unserer Zeit oft fehlende Geborgenheit zu geben.

Im letzten Jahr meines Amtes sollte ich der Redner sein, da der Bürgermeister einige Tage zuvor bereits zum Jubiläum der Schützengilde gesprochen hatte. In Hamburg ist es guter Brauch, daß ein Senatsmitglied nicht zweimal aus gleichem Anlaß zu Gast ist, daher hatte das Protokoll für den Bürgermeister die erneute Einladung, auch am Festmarsch teilzunehmen und im Festzelt zu sprechen, abgesagt. Aber, was ist schon guter Brauch; wenn es darum geht, öffentlich zu erscheinen und Popularität zu pflegen, werden des Bürgermeisters Ratgeber sich und ihm gesagt haben. So wurde aus einer Ab- eine Zusage, und mir schrieb man freundlichst ab. So blieb denn meine Rede ungesprochen.

Die Senatssitzung ist eröffnet...

Seit altersher tagt der Senat am Dienstag. In früheren Zeiten tagte er auch noch freitags, diese zweite Sitzung in der Woche hat man schon vor vielen Jahren aufgegeben. Nur dann, wenn auf den Dienstag einer Woche ein Feiertag fällt, fällt die Senatssitzung aus. Nach alter Regel hat jedes in Hamburg anwesende Senatsmitglied an der Senatssitzung teilzunehmen. Am Tag zuvor, am Montag, wird die Senatssitzung der Woche vorbesprochen. Zunächst tagen die Bürgermeister zusammen mit den Staatsräten und danach zusammen mit den Senatsmitgliedern, jedoch nach Fraktionen getrennt. Früher nahm nur der Fraktionsvorsitzende an diesen Besprechungen teil, später folgte dann als weiterer Gast der Vorsitzende der Sozialdemokratischen Partei in Hamburg. Heute nehmen außerdem noch weitere Mitglieder des Vorstandes an dieser Vorberatung teil. Dabei geht es um die Abstimmung der Meinungen von Senat, Fraktion und Partei. In Zeiten, in denen mehrere politische Parteien im Senat vertreten waren, diente diese Vorbesprechung auch zur Abklärung der politischen Positionen für die zu erwartende Auseinandersetzung bei schwierigen und politisch umstrittenen Fragen in der Senatssitzung.

Am Dienstagmorgen um 10 Uhr also – früher war es

nachmittags um 3 Uhr – tritt dann in jeder Woche der Senat zusammen. Man tagt im Senatsgehege. Das schlichte Wort Sitzungssaal ist für Hamburger Verhältnisse nicht fein genug. Dieses Senatsgehege ist ein besonderer Raum. Über ihm sitzt niemand, ist freier Himmel, ist nur Gott allein. Kräftige Neon-Leuchtröhren sorgen auch dann, wenn es draußen dunkel ist, dafür, daß stets helles Licht von oben die Häupter der Senatoren und der Staatsräte erleuchtet. Im Raume selbst sitzt man nach alter Regel im Halbrund, geordnet nach der Anciennität, das heißt, in der Mitte, unter einem Baldachin, die beiden Bürgermeister, der erste zur Rechten, der zweite zur Linken, und dann, abwechselnd rechts und links von den Bürgermeistern unserer Stadt die Senatoren, nach ihrem Dienstalter geordnet, und anschließend an diese Halbrunde die Staatsräte, ebenfalls nach Anciennität und Lebensalter.

Neben dem Senatspressesprecher nehmen nur noch der Protokollführer und ein weiterer Mitarbeiter zu seiner Assistenz an den Sitzungen des Senates teil. Nur in Ausnahmefällen und auch nur dann, wenn der Sachverstand und die im Gedächtnis oder in den Papieren gespeicherte Sachkenntnis nicht hinreichen, werden leitende Beamte aus den Fachbehörden zur Beratung des Senats hinzugezogen. Vor den Bürgermeistern steht eine silberne und vielfach verschnörkelte Schreibtischgarnitur, daneben ein kleines Lederplättchen und ein Hämmerchen, mit dessen hartem Schlag auf die Lederplatte die Sitzung eröffnet wird.

Die Tagesordnung beginnt stets damit, daß man die Stellungnahmen Hamburgs zu den im Bundesrat anstehenden Beratungen erörtert und bei dieser Gelegenheit auch Hamburgs Position in anderen Bundes- und Länderangelegenheiten bespricht. Die Reihenfolge aller weiteren Punkte richtet sich wiederum nach dem Rang desjenigen, der als Berichterstatter vermerkt ist. Nach dem Bürgermeister kommt hier der Rangältere vor dem Rangjüngeren. Zu jedem Tagesordnungspunkt ist eine mehr oder weniger umfangreiche Vorlage vorher versandt worden.

Jeder Diskussionsbeitrag im Senat wird eingeleitet mit der Anrede des Bürgermeisters, und nach dem »Herr Bürgermeister« werden dann die schriftlichen Ausführungen ergänzt oder, was sehr häufig vorkommt – man bezieht sich auf die Vorlage. Die Hälfte, wenn nicht sogar die Mehrheit aller Tagesordnungspunkte, werden ohne Debatte und ohne förmliche Abstimmung entschieden. Entweder m n hat sie gelesen und hat nichts zu ihnen zu sagen, oder aber, was sicherlich wegen der großen Fülle des Papieres häufiger vorkommt, man hat die Vorlagen nicht gelesen und möchte dies nicht besonders deutlich hervorkehren.

Zu den regelmäßigen Tagesordnungspunkten des Senats gehört die Vorbereitung von Bürgerschaftssitzungen ebenso wie die Beschlußfassung über die Antworten, die auf kleine und große Anfragen an den Senat erteilt werden sollen.

Der Senat als oberster Dienstherr der Mitarbeiter der Freien und Hansestadt Hamburg beschließt auch über Beamtenernennungen, über die Einleitung von Disziplinarverfahren und andere, oft nicht allzu angenehme Angelegenheiten des Alltags in der Politik. Streng sind die Gebräuche im Senat. So werden einmal im Jahr, auf der letzten Zusammenkunft im Dezember, formell der Bürgermeister und sein Stellvertreter gewählt. Jeder weiß, wer zu wählen ist, und dennoch erfolgt die Wahl nach allen Regeln einer geheimen Abstimmung. Der dienstjüngste Senator und der dienstjüngste Staatsrat haben die Stimmzettel mit einem eigens hierfür vorhandenen silbernen Topf einzusammeln, auszuzählen und die Ergebnisse bekanntzugeben.

Stickig ist manchmal nicht nur die Atmosphäre, sondern auch die Luft im Senatsgehege, denn ein Fenster fehlt diesem Raum. Die Lüftung erfolgt durch Frischluftkanäle, die hinter der Wasserwand des Brunnens im Ehrenhof des Rathauses enden. Als dieses System am Ende des vorigen Jahrhunderts eingebaut wurde, war es sicher das Beste, was man damals schaffen konnte, aber zu jener Zeit parkten im Ehrenhof des Rathauses vornehmlich Kutschwagen mit ihren Pferden. An die Ausdünstungen von Benzin- und Dieselmotoren dachte damals niemand. Heute aber kann man im Senatsgehege zuweilen mit der Nase erfahren, daß auf dem Ehrenhof gerade wieder einige Motoren laufen und die Wagen auf ihre Passagiere warten. Der Versuch, mit modernen Anlagen für eine ausreichende Lüftung zu sorgen, wurde vor einigen Jahren unternommen, indem man vier Ventilatoren aufstellte. Deren Betrieb aber machte in dem gut schallisolierten Raum einen solchen Lärm, daß man auf diese Erleichterung wieder verzichten mußte. Mag es nun im Sommer auch noch so warm oder gar schwül sein, kein Senatsmitglied käme auf die Idee, sein Jackett oder gar seine Krawatte abzulegen. Dies tut man im Hamburger Senatsgehege eben nicht!

Die Dauer von Senatssitzungen ist durchaus unterschiedlich. Es gibt sehr kurze, aber auch sehr lange Sitzungen. Nicht immer hängt diese Dauer vom Umfang der Tagesordnung ab. Manchmal sorgen auch dringende Termine oder gar bevorstehende Dienstreisen des Bürgermeisters dafür, daß alle überflüssigen Diskussionen von ihm mehr oder weniger abrupt gekürzt werden. Man soll aber nicht verschweigen, daß auch Senatoren Menschen sind, die beispielsweise vor Weihnachten, wenn etwa am 23. Dezember noch eine Senatssitzung sein sollte, nicht eben viel Lust verspüren, sich lang und breit mit verschiedenartigen kommunalen oder auch politischen Problemen Hamburgs zu beschäftigen.

Zu den längsten Sitzungen im Laufe des dahinziehenden Jahres gehören die Beratungen des Haushalts durch den Senat, nicht nur, weil hier jeder Fachsenator mit aufmerksamem Interesse bei der Sache ist, denn es geht auch um seinen politischen Erfolg, jedenfalls soweit dieser von dem Umfang der ihm zugeteilten Haushaltsmittel abhängt, sondern auch, weil die Haushaltsberatungen, jedenfalls in aller Regel, auch Gelegenheit geben, Bilanz zu ziehen über die gesamte Lage der Stadt, ihre Wirtschaft, ihre Bevölkerung und damit, um mit den Worten der Einführung zur Matthiae-Mahlzeit zu sprechen, über »die Zeitläufte als solche«.

Natürlich sind auch die Haushaltsberatungen, wie alles andere, über das der Senat nachdenkt, vertraulich und erst ihr Ergebnis, das der Bürgerschaft zur weiteren Beratung und Beschlußfassung zugeleitet wird, ist dann auch für die Öffentlichkeit gedacht. Aber es kann hier doch verraten werden, daß sich nirgendwo sonst so deutlich taktische Fähigkeiten, Geschick, manchmal aber auch Tolpatschigkeit der Mitglieder des Senats hervortun wie während der Haushaltsberatungen.

Der für die Finanzen verantwortliche Senator merkt sehr schnell, wer von seinen Kollegen das Doppelte fordert, um die Hälfte zu bekommen, oder wer sich bemüht, seine Forderungen so nah wie möglich an die Realität heranzuführen. Der Finanzsenator weiß aber auch, daß er bis zur Beratung seines Haushaltsentwurfes im Senatsplenum immer noch ein wenig in Reserve halten muß. Nur dann kann er damit rechnen, seinen Haushalt einigermaßen ungeschoren durch den Senat zu bringen, wenn er diejenigen, und das sind eben die anderen Senatskollegen, die dem Haushalt zustimmen müssen, auch mit freundlichen Gesten zustimmungsbereit macht. Wichtig vor allen Dingen ist, daß der Finanzsenator möglichst viele Fach- und Sachinformationen mitbringt, denn nichts ist eine so gute Verteidigung seines Haushalts wie die Widerlegung von Argumenten durch Fakten. Ganz kluge Kollegen haben schon einmal versucht, die Presse zu mobilisieren, um für sich und ihre Ressorts gute Stimmung im Senat zu erzeugen. Dann liest man wenige Tage vor den Haushaltsberatungen entsetzlich klingende Überschriften, wie »Katastrophale Lage im Gesundheitswesen unserer Stadt« oder »Schon wieder fielen Stunden aus wegen Lehrermangel« oder »Alter Mann auf der Straße vergessen«. Diese Meldungen helfen auch dem Finanzsenator, denn er weiß jetzt, worauf er sich vorzubereiten hat und kann um so gelassener der entsprechenden Auseinandersetzung im Senat entgegensehen.

Geraucht werden darf natürlich nicht im Senatsgehege. Für alle, die rauchen müssen, um sich wohl fühlen zu können, bedeutet dies zuweilen, die Sitzung zu verlassen, um dann im Vorraum ihrer Lust und Leidenschaft zu frönen. Natürlich darf im Senatsgehege auch nicht getrunken werden, und so war es fast eine Revolution, als vor vielen Jahren unter Bürgermeister Peter Schulz erstmalig die Möglichkeit eröffnet wurde, während der Senatssitzung wenigstens ein Glas Wasser oder ähnliche kalte und auch sonst harmlose Getränke zu sich zu nehmen. Seither steht ein kleines Tischchen in einer Ecke des Senatsgeheges, und es kann dann zuweilen schon passieren, daß das Öffnen einer Flasche, das Klirren eines Glases die ansonsten gemessen ruhige Atmosphäre zu stören scheint.

Zum Schluß ist noch eine Anmerkung nötig zu dem Punkt am Ende einer jeden Tagesordnung, der sich »Verschiedenes« nennt. Zwei Meister ihres Faches, was die Nutzung dieses Tagesordnungspunktes anging, gab es in den Jahren meiner Zugehörigkeit zum Senat. Einer von ihnen war der frühere Wirtschaftssenator Hellmuth Kern. Er pflegte viele seiner großen Projekte als Tischvorlagen, das heißt vorher mit keiner Behörde, insbesondere auch nicht, mit der Finanzbehörde in bezug auf die finanziellen Konsequenzen abgestimmt, unter dem Tagesordnungspunkt »Verschiedenes« vorzulegen. Niemand darf nun denken, daß sich diese Tischvorlagen tatsächlich immer mit eiligen und dringenden Dingen befaßten, nein, häufig waren es Projekte, die auf Jahre hinaus viele Millionen erforderten. Mit beredten Worten wußte er dann die Senatsrunde mit seinem Projekt vertraut zu machen. Aber nicht immer hatte er Glück. Bürgermeister Weichmann sagte ihm einmal freundlich, nachdem er eine ganze Weile wiederum über ein »ganz dringendes« und im Grunde »sofort in Angriff« zu nehmendes Projekt gesprochen hatte: »Sie sehen ja, Herr Kollege, schon an der Länge Ihrer Ausführungen, wie sorgfältig dieses Projekt vorbereitet werden muß und da es, wie Sie sagten, ein Jahrhundertbauwerk werden soll, wird es ja wohl auch einige wenige Wochen erfordern dürfen, dieses Jahrhundertprojekt vorzubereiten!« Damit war der Punkt »Verschiedenes« beendet.

Anders tat es der einstmalige zweite Bürgermeister Professor Biallas. Bei ihm war es weniger die Dringlichkeit der Sache als vielmehr die Bedeutung, die er seinem Amt beimaß, die ihn von Zeit zu Zeit veranlaßte, Vorlagen als Tischvorlagen unter Punkt »Verschiedenes« aufrufen zu lassen. Er hielt es für absolut unangebracht und unangemessen, daß Senatskollegen im Wege der vorherigen Abstimmung ihre Meinung und womöglich noch ihre ablehnende Meinung zu seinen Projekten vorher in ihrer Stellungnahme darlegen sollten. Für ihn war allein der Senat das angemessene Entscheidungsgremium, und daß der Finanzsenator bei solchen wichtigen Punkten dann auch immer noch an das »lächerliche« Geld erinnern mußte, das war ihm dann oft zu viel. Aber auch hier half, wenn nichts anderes, die Mehrheit der Senatoren, um ihn auf den Weg der politischen Tugend, sprich der ordnungsgemäßen Vorbereitung einer Senatsvorlage, zurückzuführen.

Niemand sage auch, daß Senatsrunden nur dazu da sind, politische Meinungen zu bilden und notwendige Entscheidungen zu treffen. Oft ganz ungewollt, sind sie auch außerordentlich kreativ auf dem Gebiet der Aufzucht von Stilblüten. So sagte der auf diesem Gebiet besonders schöpferische damalige Schulsenator Günter Apel einmal, als im Senat über die Frage der Inanspruchnahme des Arbeitslosengeldes und der Verweigerung der Annahme einer neuen Tätigkeit beraten wurde: »Dann bleibt die Mutti eben zu Hause; ich meine hier nicht unbedingt die Frau, sondern die geschlechtslose Mutti, das kann natürlich auch der Mann sein.« In der gleichen Sitzung meinte der damalige Innensenator Staak etwas ratlos: »Der Kollege Nölling hat sich hier als Kuckuck in unser Nest gesetzt, so daß uns die Puste ausgeht«.

Bei einer Beratung über die Krankenhausplanung meinte der ideologisch versierte langjährige Sozialsenator Ernst (Ernie) Weiß: »Die Krankenhausplanung ist eine kommunistische Planung, denn man muß immer zugleich die Erfüllung mitplanen«, und schließlich, das war wohl in einer Haushaltsberatung, meinte Günter Apel im Senat: »Man sollte den Argumentationshaushalt zur Bewirtschaftung zurückverweisen«.

Nicht unerwähnt bleiben sollte hier das besondere Finanzproblem der Deckung. Dabei handelte es sich bei Haushaltsberatungen darum, wenn ein Senatskollege für seinen Haushalt zusätzliche Mittel für weitere Ausgaben haben wollte, daß er dann an anderer Stelle seines Haushalts sparen mußte, um das Gesamtvolumen seines Haushalts nicht zu verändern. Hier war besonders phantasiereich der ehemalige Kultursenator Professor Dieter Biallas. Seine Deckungsvorschläge bestanden in der Regel entweder aus Haushaltsansätzen, bei denen bereits feststand, daß sie überhöht waren, also ohnehin als eingespart nachgewiesen werden mußten und somit kein echter Ausgabenverzicht waren, oder aber er bot zur Deckung die von ihm für den nächstjährigen Haushalt beabsichtigten Mehrforderungen an, das heißt mit anderen Worten, echte Deckung war bei ihm selten zu erwarten.

Günter Apel, der Schulsenator, war da beweglicher. Wenn er Forderungen vortrug, etwa auf Erweiterung der Ausgaben in den Warenkörben für seine verschiedensten Schülergruppen, so war die Mehrheit des Senats in aller Regel den Tränen nahe, denn mit so bewegten Worten wie er konnte kaum ein anderer die Notwendigkeit erheblicher Aufstockung der Mittel vortragen. Am Ende, wenn wieder etwas Nüchternheit eingekehrt war und wenn die Möglichkeit genutzt worden war, die Gefühlsargumente auf ihren Sachgehalt zu prüfen, blieb sehr oft nichts mehr als ein leerer Korb zurück.

Bei unserem Sozialsenator Ernst Weiß mußte man mit sehr viel Bauernschläue rechnen, und wehe dem, der diese etwa mit Unbeholfenheit oder Naivität verwechselte. Sein Haushalt bestand aus einer schier unübersehbaren Vielfalt von Ausgabepositionen, Fonds, Töpfen und ähnlichen Verschleierungsmitteln für Finanzen. Selbst sachkundigen

Kennern in der Finanzbehörde gelang es erst nach Jahren, einen wirklichen Durchblick zu bekommen. Da alle diese vielen Positionen für vielfältige soziale Hilfen gegenseitig deckungsfähig waren, d. h., was dem einen Topf fehlte, konnte den Überschüssen des anderen entnommen werden, sollte ein kluger Finanzsenator gar nicht erst versuchen, hier wirklich einzugreifen, sondern sollte es ganz schlicht beim Vertrauen belassen, das er in die Vernunft und Sparsamkeit seines Kollegen Sozialsenator setzt!

Wie stürmisch oder auch langatmig eine Senatssitzung auch sein mochte, nach ihrem Ende traf man sich zu einem Imbiß.

Vorweggeschickt sei, daß schon die Vorbesprechungen der Senatssitzung, die, wie berichtet, am Montag, also am Tag zuvor stattfindet, von einem gewissen Essenskult begleitet ist. Am Anfang gab es bei dieser Gelegenheit eine Suppe mit einem Brötchen, und wenn ich von einer »Suppe« spreche, so meine ich hier die verschiedensten Produkte der Kochkunst des Ratsweinkellers, von durchsichtiger klarer Brühe bis hin zu fast puddingartiger Erbsensuppe. Aus dieser Suppe wurde dann im Laufe der Zeit immer mehr. Mal gab es ein Würstchen, dann ein Steak und heute soll es bei dieser Gelegenheit, wie man erfährt, ein volles Menü geben. Sagten doch schon die Lateiner »plenus venter non studet libenter« (ein voller Bauch studiert nicht gern).

Aber auch nach den Senatssitzungen wird, wie erwähnt, gegessen. Einst, als sie noch am Dienstagnachmittag stattfanden, gab es Tee oder Kaffee und dann, je nach Geschmack, verschiedene Arten von Kuchen, nicht immer geeignet, der oft wachsenden Körperfülle entgegen zu wirken. Neben dieser durchaus angemessenen Form der Beköstigung trat dann auch salzige Kost in Form von Wurst-

und Käseplatten, Brot und Butter und schließlich, um das Ganze abzurunden, wurde das sogenannte »Senats-Fünf-Uhr-Stammgericht« serviert, bestehend aus etwas breiigen Bratkartoffeln, Rührei und einem Stück gebratenem Fleisch.

So, wie es in der Kunst Stilepochen gibt, kann man in der Zeitgeschichte des Hamburger Senates Speiseepochen ermitteln. Eine der markantesten ist mit Fug und Recht die Knackwurstzeit zu nennen, und das war die Zeit, in der Herbert Weichmann Hamburger Bürgermeister war. Wenn seinerzeit während der Haushaltsberatungen, die ganztägig und manchmal über zwei Tage sich erstreckten, eine Unterbrechung nötig wurde, um etwas zu essen, so konnte man sicher sein, es gab Knackwürste! Wenn nach den Senatssitzungen ein Imbiß gereicht wurde, man konnte sicher sein, es gab Knackwürste! Aber schmackhaft waren seine Würstchen, das konnte man nicht leugnen.

16 Monate Justizsenator

Von Januar 1973 bis Ende April 1974 war ich Hamburgs Justizsenator. Ein Jahr und vier Monate waren eine kurze, aber dennoch reiche und interessante Zeit. Vieles wurde mir leicht gemacht, denn ich hatte als ehemaliger Richter den »Stallgeruch« des Sievekingplatzes – dem Zentrum der Hamburger Rechtsprechung. Auch wußte ich sehr schnell, wie mit wem umzugehen war. Leicht wurde mir der Anfang auch dadurch, daß ich eine Reihe neuer Planstellen gewissermaßen als Morgengabe mitbringen und dadurch die NS-Prozesse, deren oft zu lange Dauer seit Jahren ein Ärgernis war, etwas fördern konnte.

In der Tat war dies ein sehr schwieriges Gebiet der aktuellen Justizpolitik; 30 Jahre und länger nach den Taten, in rechtsstaatlichen und damit sehr genauen, oft sehr schwerfälligen Verfahren Recht zu finden, ist fast unmöglich. Aber politische Gründe standen und stehen einem Schlußstrich unter dieses Kapitel deutscher Justizgeschichte entgegen. Auch alle diejenigen, für die die Strafe Resozialisierung, und damit Wiedereingliederung, ja Lebenshilfe, sein soll, für die war der Strafvollzug bei den in der Regel voll sozial integrierten NS-Tätern schwer interpretierbar. Wenn man nicht den Gedanken der »Sühne durch Strafe«

Links: Hans-Joachim Seeler. Rechts: In der Bürgerschaft wurde oft hart, meist jedoch fair um die richtige Lösung gerungen.

In der Regel einmal monatlich trat die Konferenz der Finanzminister und -senatoren der Bundesländer zu einer Sitzung zusammen. Links Dr. Schattschneider, vierter von links der hessische Finanzminister Heribert Reitz.

Im Europawahlkampf 1979 zusammen mit dem ehemaligen Staatsminister im Auswärtigen Amt und jetzigen Bürgermeister Klaus von Dohnanyi.

Als Gesundheitsminister bei der Verabschiedung des früheren Präsidenten der Gesundheitsbehörde Dr. Löffler. Links der Nachfolger Dr. Zylmann.

Dezember 1971 in Monrovia, Liberia, Unterzeichnung eines Vertrages zwischen Hamburg und Liberia über Errichtung und Betrieb einer Außenstelle des Tropeninstituts. Hier mit dem damaligen liberianischen Gesundheitsminister Dr. Barclay (links) und dem damaligen deutschen Botschafter Neubert.

Bei einer Wahlveranstaltung mit dem damaligen Bundeskanzler Helmut Schmidt.

1967, der neue Senat: vorn, von links: Irma Keilhack, Herbert Weichmann, Wilhelm Drexelius, Cäsar Meister, Wilhelm Eckström; dahinter: Helmuth Kern, Gerhard Kramer, H.-J. Seeler, Heinz Ruhnau, Ernst Weiß, Peter Schulz, Gerhard Brandes.

Links: Im Gespräch mit dem damaligen Bürgermeister Hans-Ulrich Klose. Rechts: Im Herbst 1973 wird der Grundstein für die Schwimmhalle in Bramfeld gelegt.

»Bunte Welle« im Wandsbeker Eichtalpark. Ehrengast ist Frau Anke Fuchs, die damalige Bundessozialministerin, links Frau Dr. Ingrid Seeler.

Als Vorsitzender des Aufsichtsrates der Hamburger Gaswerke eröffnet der Finanzsenator einen neuen Abschnitt einer Gasleitung unter der Elbe hindurch.

Im Bürgermeistersaal des Rathauses empfängt der Senat seine Gäste.

Auch das sind Pflichten eines Senators: ein Abendessen im Hotel Vierjahreszeiten mit Georg W. Claussen, Vorsitzender des Aufsichtsrates der Beiersdorf AG, und dem ehemaligen Sprecher des HEW-Vorstandes, Dr. Meister (rechts).

Auf einem der zahlreichen Bälle: das Ehepaar Seeler.

1974, Besuch in Israel. Der Direktor des Mahnmales Yad Vayhem erläutert Dokumente der Judenverfolgung in Europa.

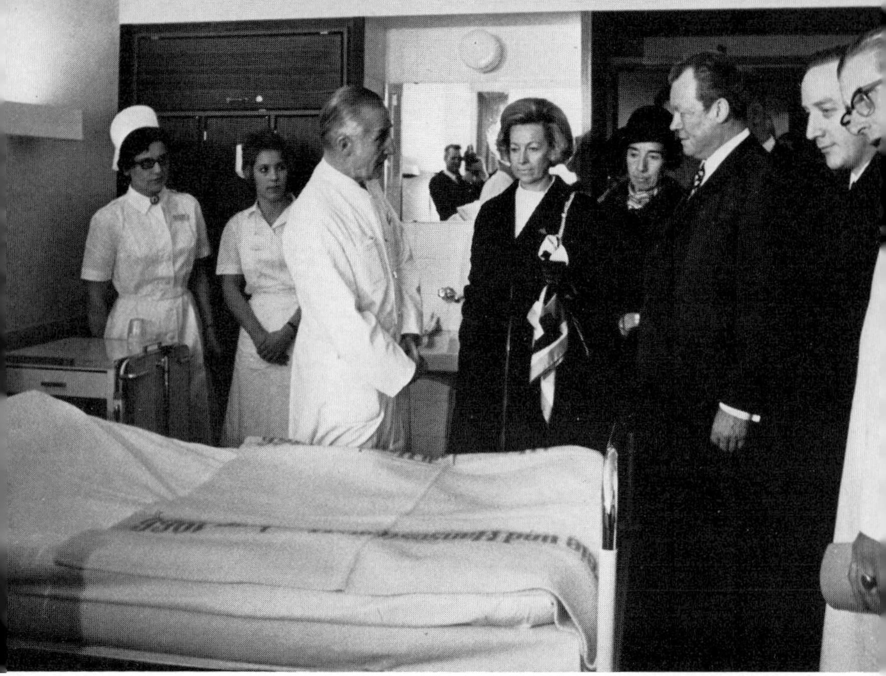

Hoher Besuch im Kankenhaus Altona in Othmarschen. Der damalige Bundesaußenminister Willy Brandt in Begleitung seiner Frau Ruth läßt sich vom damaligen Direktor des Krankenhauses, Prof. Aschenbrenner, ein modernes Krankenzimmer erklären.

Im Gespräch mit Christian Müller in der »Aktuellen Schaubude«.

akzeptierte, so konnte man im Grunde die Vollstreckung der Urteile gegen derartige NS-Täter überhaupt nicht mehr begründen. Auf einer öffentlichen Versammlung habe ich einmal versucht, diese Verfahren deswegen als notwendig darzustellen, weil es darauf ankommen muß, den NS-Verbrechern »die Maske der Wohlanständigkeit« vom Gesicht zu reißen. Die Verurteilung, und weniger die Vollstreckung der Strafe, ist entscheidend. Allerdings birgt die lange Zeit, die seit den Taten vergangen ist, auf der anderen Seite auch die große Gefahr, daß manche NS-Täter »mangels Beweises« freigesprochen werden müssen und diesen Freispruch dann als eine Art »Persilschein« benutzen, obwohl sie tatsächlich – moralisch jedenfalls – schuldige Täter sind.

In Briefen an den damaligen Bürgermeister Peter Schulz und den Landesvorsitzenden der SPD, Oswald Paulig, wurde ich nach dieser Versammlung von anonymen Schreibern wegen dieser öffentlichen Äußerungen wütend beschimpft. Es wurde gedroht – wir standen vor der Bürgerschaftswahl 1974 – man werde, solange ich Justizsenator sei, die SPD nicht mehr wählen können. Nun, beide haben mir gesagt, daß man auf die Stimmen derartiger Kritiker als Sozialdemokrat leichten Herzens verzichten könne.

Die Konsequenzen des bereits erwähnten Falles Haase waren in diesen Monaten ständiges Thema unserer Arbeit an einer Strafvollzugsreform. Haase war – wie schon dargelegt – ein Deutsch-Amerikaner, der in Untersuchungshaft gesessen hatte und dort, weil er getobt und das Vollzugspersonal tätlich angegriffen hatte, geschlagen worden und in die sogenannte Beruhigungszelle gebracht worden. Diese Beruhigungszelle ist ein Raum mit einer glockenförmigen Decke, in dem sich nichts weiter als eine Holzpritsche und ein Abort-Loch befinden. Die Zelle wird durch ein Loch in der Decke mit Warmluft beheizt und ist ständig kontrollierbar. Der Gefangene wird völlig entkleidet in diese Zelle gebracht und bleibt dort so lange, bis er sich »beruhigt« hat. Haase war in dieser Beruhigungszelle oder auch – wegen der Deckenform – »Glocke« genannten Zelle an den Folgen der Schläge, die er bekommen hatte, und der überhitzten Raumtemperatur gestorben.

Ist diese Beruhigungszelle, ist der Knüppel oder auch die Fessel humaner als etwa ein injiziertes Beruhigungsmittel? Das war die Frage, die uns in der Justizverwaltung beschäftigte und über die auch in der Presse viel geschrieben und manches gedacht wurde. Einig wurde man sich nicht. Die Mediziner aus allen ärztlichen Bereichen wollten und konnten die Anwendung von Medikamenten, sogenannten Psychopharmaka, nicht empfehlen. Gegen ihren Rat aber können weder die Juristen und die Vollzugskräfte noch die Politiker einen solchen, von mir im Grunde für richtig gehaltenen Schritt, unternehmen.

Personalsorgen waren ein anderes Thema jener Jahre in allen Bereichen der Verwaltung. In den Krankenhäusern z. B. fehlten Pflegekräfte. Im Strafvollzug brauchten wir dringend qualifizierte Beamte. In der Steuerverwaltung war guter Nachwuchs Mangelware, aber überall erwartete die Öffentlichkeit erstklassige Leistungen dieser öffentlichen Einrichtungen. Wir mußten uns manches einfallen lassen, um diesen Mangel wenigstens ein wenig zu beheben. Koreanerinnen und Phillippininnen wurden als Krankenschwestern nach Deutschland geholt. Ehemalige verheiratete Schwestern und Hausfrauen, die jedenfalls halbtags arbeiten wollten, wurden geworben, um sie als Pflegekräfte oder als Pflegehelferinnen wieder einzusetzen.

In der Justiz versuchten wir es mit einem großen Preisausschreiben. Die Teilnehmer wurden gefragt, welche Berufe man im Strafvollzug lernen könnte, wie viele Staatsanwälte es in Hamburg gäbe, ob man als Zeuge eines Unfalles vor Gericht aussagen müsse usw. Zehnmal gab es für richtige Antworten den ersten Preis, nämlich einen Empfang beim Justizsenator, bei mir also, und Gespräche mit Richtern sowie eine Führung durch die Untersuchungshaftanstalt. Außerdem bekam jeder Preisträger ein Buch. »Ein Tag rund um die Hamburger Justiz« war also zu gewinnen. 20mal gab es den zweiten Preis. Dies war ein »Großer Blick hinter die Kulissen der Hamburger Justiz«, und 30mal gab es den dritten Preis, dies war ein »Kleiner Blick hinter die Kulissen der Hamburger Justiz«. Dieses Preisausschreiben fand gute Resonanz in der Presse, und insgesamt erhielten wir 268 Einsendungen. Zwölf von den Einsendern hatten alle Fragen richtig beantwortet, und so mußte ich als Politiker den Hauptgewinn spielen, um die Personalsorgen in der Justiz und insbesondere im Strafvollzug zu beheben. Immerhin brachte diese Werbeaktion allein für den Justizbereich 115 neue Mitarbeiter, und das lohnte den Einsatz auch des Senators, jedenfalls damals, als Arbeitslosigkeit bei uns beinahe ein Fremdwort geworden war.

Vielseitig ist das Amt des Justizsenators in der Tat. So mußte ich mich eines Tages mit Liebespuppen für Strafgefangene beschäftigen. Ein findiger Fabrikant hatte diese naturgetreuen Nachbildungen weiblicher Schönheiten auf den Markt gebracht, um einsamen, schüchternen und auch sonstwie am Normalen gehinderten männlichen Wesen doch zu Glück und Vergnügen zu verhelfen. DM 60,– sollte das Stück Plastikfrau kosten. Es dauerte nicht lange, und die ersten Anträge von Strafgefangenen, ihnen den Erwerb einer solchen Puppe zu genehmigen, landeten bei mir auf dem Tisch. Warum eigentlich der Justizsenator persönlich über den Erwerb einer Kunstfrau entscheiden mußte und nicht der Anstaltsleiter oder der Abteilungsleiter in der jeweiligen Strafanstalt, diese Frage stellte ich, und die Antwort war bezeichnend: Dies sei eine politische Entscheidung, und die müsse der Präses verbindlich für alle fällen. Also entschied ich politisch. Aus vielerlei Gründen wurde der Antrag abgelehnt, aber wir nahmen das Thema »Sex im Gefängnis« auf, denn in der Tat ist die erzwungene Abstinenz einer der Gründe für das aggressive Verhalten mancher Gefangener. Liebeszellen nach schwedischem Vorbild, also Räume, in denen die Gefangenen ihre Freundinnen, Verlobten oder Ehefrauen von Zeit zu Zeit empfangen konnten, schienen uns nicht die ideale Lösung zu sein, denn die besuchenden Frauen und Freundinnen hätten Spießruten laufen müssen, da ja jedermann wußte, wozu und woher sie kamen. Natürlich ließ sich auch die wachsame Opposition im Parlament dieses Thema nicht entgehen und beantragte eine Debatte über »Sex im Gefängnis«.

Eine vernünftige Lösung schien mir durch eine großzügigere Urlaubsregelung erreichbar zu sein. Außerdem gab der Urlaub aus der Haft den Gefangenen auch die Chance, sich um ihre Familien und deren Probleme kümmern zu können und half so bei der erstrebten Resozialisierung. Das Ergebnis dieses Experimentes war erstaunlich. Nur wenige der beurlaubten Gefangenen kehrten nicht zurück. Viele aber wurden ruhiger und weniger aggressiv in der Haft, und für viele bedeutete der Urlaub auch eine wachsende Einsicht in die Unsinnigkeit der begangenen Straftat und der dadurch eingehandelten Strafe. Hamburg hat später mit dazu beitragen können, daß eine bessere Urlaubsregelung in das Strafvollzugsgesetz des Bundes Eingang fand.

Mein Rücktritt ist von der Opposition im Parlament selten gefordert worden, aber es gab auch Situationen, in denen ich meinen Rücktritt androhen mußte, um durchzusetzen, was ich für richtig hielt: Ich war kaum drei Monate Justizsenator, als im Untersuchungsgefängnis wieder ein Häftling starb. Er litt an einer von den Ärzten nicht rechtzeitig erkannten doppelseitigen Lungenentzündung. Zu seinem Tode hatte wesentlich die sehr schlampige ärztliche Betreuung beigetragen. Die Ärzte hatten nicht alles Notwendige und das zu spät für ihn getan. Mir blieb damals nur die Flucht nach vorn in die Öffentlichkeit. Klipp und klar mußte ich erklären, daß unabhängig von den staatsanwaltschaftlichen Ermittlungen dieses Todesfalles die ärztliche Versorgung nicht ausreichend war. Der verantwortliche Arzt ging auf meinen eindringlichen Rat vorzeitig in Pension. Dieser Arzt war schon in dem erwähnten Fall Haase eine der Schlüsselfiguren bei der Untersuchung der ärztlichen Seite des Falles gewesen. Aber man darf auch nicht vergessen, daß die ärztliche Tätigkeit im Strafvollzug nicht gerade attraktiv ist. Heute, wo jeder Arzt in freier Praxis sich ein oft beträchtliches Einkommen erschaffen kann, ist eine Beamtenstelle, die mit wenigen tausend Mark im Monat dotiert ist, für einen Mediziner kaum reizvoll. Darum habe ich klar und deutlich in der Öffentlichkeit die Forderung erhoben, daß diese Stellen besser ausgestattet werden müßten. Zu dieser Verbesserung zählte z. B. auch die Möglichkeit einer einträglichen Nebentätigkeit und die Idee, im Strafvollzug nur für einige Jahre als Arzt tätig zu sein, um nicht vom Milieu des Strafvollzuges eingefangen und eines Tages dann auch abgestumpft zu werden. Da hier wirklich ein Mangel offenkundig geworden war, dem nur abzuhelfen war, indem man die Bezahlung für diese Arbeit attraktiver gestaltete, habe ich für den Fall, daß meiner Mindestforderung nicht entsprochen würde, vor der Presse Konsequenzen angedroht und unter Umständen auch meinen eigenen Rücktritt. Der »Tagesspiegel« schrieb dazu am 12. 4. 1973: »Der Hamburger Senat und die SPD-Fraktion werden diesen Satz gut durchdenken müssen. Vor einem derartigen düsteren Hintergrund hat ihnen wohl noch nie einer ihrer Minister mit Rücktritt gedroht.«

In der Justiz gab es aber auch Gelegenheit zum Lachen: Es war ein guter Brauch, daß sich der Senator von Zeit zu Zeit mit seinen leitenden Beamten in Klausur zurückzog, um abseits der Alltagshektik zu erörtern, was es in den kommenden Monaten zu tun galt und wie man am besten anstehende Probleme lösen könnte. So geschah es im Frühsommer 1973. Wir trafen uns in einem stillen Ausflugslokal vor den Toren Hamburgs. Nach getaner Arbeit zeigte ich meinen Herren – die beiden Amtsleiter und der Staatsrat der Justizbehörde waren mit mir gekommen – meinen Bauernhof, den wir damals gerade ein Jahr besaßen. Diesen Bauernhof hatte ich Anfang 1972 in einem völlig verwahrlosten Zustand kaufen können. Es war ein großes Bauernhaus auf einem fast 7000 qm großen, damals noch sehr verwildertem Grundstück. Dieser Hof war für uns alle, besonders für die Kinder, ein wahres Eldorado. Wir liebten ihn und waren in den Ferien und an den Wochenenden draußen, so oft es nur irgend möglich war. Der Garten war, wie erwähnt, stark verwildert, aber eine kleine Fläche war mit Erdbeeren bestanden, und diese trugen in jenem Jahr reichlich. So beschlossen meine Mitarbeiter und ich, Erdbeeren zu pflükken, und gingen mit Schüsseln bewaffnet in den Garten.

Wochen später saß ich zu einem kleinen Klönschnack bei unseren Nachbarn und hörte so beiläufig von der alten Bäuerin, daß es der Justizsenator ja eigentlich gar nicht so schlecht hätte, jedenfalls habe er stets Hilfe für den Garten. Ich sah sie wohl etwas erstaunt an und mußte dann hören, daß ich doch neulich drei Strafgefangene zum Erdbeerpflücken draußen gehabt hätte. Gewundert habe sie sich nur, daß niemand zur Bewachung dabei gewesen wäre, aber sie habe dann gemeint, es seien wohl friedliche Gefangene gewesen, die ohnehin bald entlassen und daher nicht ausreißen würden. Das meinte unsere Nachbarin ganz ernsthaft. Selten hat man so gelacht an der Drehbahn, wo die Justizbehörde liegt, als diese kleine Geschichte bekannt wurde. Zwei Senatsdirektoren und ein Staatsrat als Strafgefangene pflücken Erdbeeren im Garten des Senators!

1974 war wieder Bürgerschaftswahl, und die SPD verlor ihre absolute Mehrheit. Weiterregieren konnte sie nur zusammen mit der FDP. Sie war auf diese angewiesen. Die FDP konnte also ihre Forderungen stellen und tat das auch ohne Scheu und Hemmungen. Bisher standen ihr zwei Ressorts zu, der Kulturbereich und die Finanzen. Jetzt forderte sie entsprechend ihrem guten Wahlergebnis drei Senatorenposten. Frei geworden war das Bauressort, da der damalige Bausenator nach zwei Legislaturperioden ausscheiden wollte, und auch das Gesundheitsressort, da die Gesundheitssenatorin, meine Nachfolgerin, ohnehin nur noch für eine Übergangszeit dieses Amt wahrgenommen hatte.

BILD wußte natürlich, daß Moritz Meyer (FDP) »sicherer Kandidat für die Finanzen« und Rolf Biallas, FDP-Bürgerschaftsabgeordneter und Arzt, »Aspirant« für das Amt des Bausenators sei. Offen – nicht nur für BILD –

war nur der dritte Mann der FDP. Professor Klug, ein sogenannter Linker – was heißt das eigentlich wirklich? – war im Gespräch; wie würde er sich entscheiden? Für den Fall, daß er das Justizressort wählen sollte, wurde von BILD für mich bereits ein neues Amt gesucht. Das Wissenschaftsressort hielt man für angemessen. Wie so oft aber, kam dann vieles ganz anders. Professor Klug, dem seine Partei das Finanzressort – er war einmal bei einer Bank tätig gewesen – und das Wissenschaftsressort – er war Professor – und schließlich auch das Justizressort – er war Jurist – angeboten hatte, entschied sich für die Justiz. Ich mußte den mir lieb gewordenen Bereich schon nach einem Jahr und vier Monaten wieder abgeben. Das war nicht gut für die Aufbauarbeit und auch nicht gut für die Justiz. Ich wollte und sollte im Senat bleiben und hatte jetzt die Wahl zwischen den noch nicht besetzten Ressorts. Ich wählte das Finanzressort, nicht nur wegen des großen politischen Einflusses und wegen der Gestaltungsmöglichkeiten, die dieses Ressort bot, sondern auch wegen der Sache, die mich seit jeher gereizt hatte.

Ernstes und Heiteres aus der Finanzbehörde

Finanzsenator zu sein bedeutet keineswegs nur, Geld zählen zu müssen oder Einnahmen und Ausgaben des Staates zu ordnen und zu kontrollieren und streng auf Sparsamkeit zu achten. In Hamburg ist der Finanzsenator seit 1976 wieder auch für die öffentlichen Unternehmen verantwortlich, er ist Vorsitzender der Aufsichtsräte der Hamburgischen Electricitäts-Werke A. G., der Hamburger Gaswerke, der Hamburger Wasserwerke, der Hamburger Hochbahn AG, und er leitet den Verwaltungsrat der Hamburgischen Landesbank, die als Staatsbank wichtige Aufgaben bei der Finanzierung staatlicher Maßnahmen zu erfüllen hat. Der Finanzsenator ist verantwortlich für den gesamten städtischen Grundbesitz. Zu seiner Behörde gehört das Liegenschaftsamt, das die Grundstücke der Stadt verwaltet, Grundstücke erwirbt und Grundstücke veräußert.

Etwas Besonderes gerade für den Hamburger Finanzsenator ist es, daß er die Interessen der Finanzminister und -senatoren der Bundesländer in verschiedenen kulturellen und wissenschaftlichen Gremien der Bundesrepublik vertritt. So war ich Mitglied im Wissenschaftsrat, im Stifungsrat der Stiftung Preußischer Kulturbesitz und im Senat der Max-Planck-Gesellschaft und habe mich dort bemüht, dafür Sorge zu tragen, daß kulturpolitisches Engagement und wissenschaftlicher Forschungsdrang auf der einen Seite mit den finanziellen Möglichkeiten von Bund und Ländern auf der anderen Seite möglichst immer – jedenfalls einigermaßen – im Einklang waren.

Weniger, weil sie der Kultur zuzurechnen wäre, als vielmehr, weil sie eine interessante Steuerquelle darzustellen versprach, gehörte aber auch die Gründung und Überwachung der Hamburger Spielbank zu den Aufgaben des Finanzsenators. Jahrelang wollte – vorgeblich – niemand in Hamburg eine Spielbank haben. So etwas passe nicht in die hanseatischen Mauern. Das Glücksspiel sei etwas Unmoralisches für einen Hanseaten – so sagten sie jedenfalls. Aber gleichzeitig feierten viele dieser sittenstrengen Hanseaten die Reeperbahn und ihre Seitengassen als ein aus Hamburg nicht wegzudenkendes städtisches Quartier – als ob diese Gassen höheren Ansprüchen an Sitte und Moral gerecht würden. Dann aber etablierte sich in Hittfeld, direkt vor Hamburgs Toren, eine lukrative Spielbank. In Travemünde und in Westerland auf Sylt sollen auch nicht wenige Hanseaten beim Spiel gesehen worden sein. Wenn also die Hamburger schon spielen wollen, warum sollte der Ertrag in andere Kassen fließen? Das jedenfalls war mein Gedanke, und der Senat stimmte zu.

Wohin nun mit dem erhofften Geldsegen? Das war die große Streitfrage. Mit 10 Millionen im Jahr rechneten wir. Ich wollte eine Stiftung für kulturelle und soziale Belange ins Leben rufen, um dem Geld einen guten Weg zu weisen. Aber die Mehrheit im Senat war dafür nicht zu gewinnen. So blieb der Ertrag eine ganz normale Einnahme für den Haushalt, und aus den erwarteten 10 Millionen wurden inzwischen mehr als 50 Millionen jährlich. Die Union, ihres christlich eingerahmten Namens eingedenk, war natürlich gegen eine Spielbank, aber als die Entscheidung für die Spielbank, und damit gegen sie, gefallen war, kämpfte sie in vorderster Linie für eine möglichst hohe Abschöpfung und damit für einen möglichst großen Ertrag des Staatssäckels aus diesem ach so unmoralischen Tun.

Delikat war die Aufgabe, den geeigneten Betreiber für die Spielbank zu finden. Dieser mußte nicht nur das notwendige Startkapital und die erforderliche Sachkunde besitzen; von ihm erwartete man auch, daß er ein gerüttelt Maß an Seriosität mitbrachte. Interessenten gab es viele, denn es winkte ein guter Verdienst. Um das Auswahlverfahren so unanfechtbar wie nur möglich zu machen, wurde die Hamburger Spielbank ausgeschrieben und die Bewerber aufgefordert, ihre Vorstellungen ausführlich darzulegen. Über 20 Bewerber gab es, und es war nicht leicht, aus dieser Fülle den Geeigneten herauszufinden. Vor allem die Örtlichkeit der Spielbank war umstritten. Jacob, Hamburgs gute Stube an der Elbchaussee, hatte schon in Erwartung der Spielbank seine Tore geschlossen, um für den erforderlichen Umbau bereit zu sein, aber die Entscheidung fiel gegen diesen Platz im vornehmen Hamburger Westen und für das Interconti-Hotel, das am Rande der Innenstadt und in seriöser Gegend gelegen, aber zugleich auch gut erreichbar für geldvolle Gäste war.

Nun, inzwischen sprudelt dieser Quell zum Nutzen des Finanzsenators und seines Haushalts und damit zum Wohle der Stadt, und keiner rümpft mehr das Näschen.

Ich habe ein einziges Mal dieses Etablissement besucht, als es eröffnet wurde. Die erste Kugel wurde von mir sachkundig – das hatte ich vorher geübt – in den Kessel geworfen und es fiel die Nummer 15. Lernen mußte ich auch, was Bakkarat und Black Jack ist, aber wenn ich es heute erklären sollte, ich könnte es nicht mehr.

Nicht nur die Spielbank, auch das Operettenhaus kann einen Finanzsenator in vielfacher Weise und stark in Anspruch nehmen. In Hamburg war das Operettenhaus an zwei Brüder verpachtet, die es so recht und schlecht über die Spielrunden brachten und denen mit staatlichen Mitteln die Arbeit und kulturelle Mühe etwas erleichtert werden sollte. Vor allem rückständige Steuern und Sozialabgaben sollten, ja mußten abgedeckt werden. Es war damals ein mühsames Verfahren, denn immer wieder wurden fällige Steuern und Sozialabgaben nicht bezahlt, und auch nach Bewilligung der staatlichen Hilfe besserte sich die Situation nur langsam, bis eines Tages eine Bombe platzte. Die Steuerfahndung hatte erhebliche Gewinnverschleierungen ausgemacht. Ein Strafverfahren war daraufhin eingeleitet und der Vertrag mit den Pächtern gekündigt worden. Es tauchte der Verdacht auf, daß die Pächter die staatliche Finanzhilfe möglicherweise durch betrügerische Manipulationen erschlichen haben könnten. Das vielseitige Strafverfahren wurde noch dadurch erschwert, daß die Pächter sich in ihr Schweizer Domizil zurückgezogen hatten und daher für die notwendigen Befragungen nicht verfügbar waren.

Die Zeitungen hatten für Monate – einige sogar für Jahre – genug zu schreiben. Es gab Haftbefehle, Auslieferungsersuchen, Haftverschonung gegen Kaution und einen, von bunten Spekulationen begleiteten, langsamen Fortgang der Justizmühlen.

Am Ende lehnte das Gericht die Eröffnung des Hauptverfahrens ab, da die von der Staatsanwaltschaft gesammelten Beweise nicht ausreichten. Allerdings bezog sich dies alles nur auf den Vorwurf, öffentliche Hilfe auf betrügerische Weise erschwindelt zu haben. Die steuerstrafrechtlichen Vorwürfe konnten nicht verfolgt werden, da dies der Schweiz im Auslieferungsverfahren ausdrücklich zugesichert worden war.

Noch Jahre später wurde immer einmal wieder über dieses Verfahren spekuliert, es wurden wilde Geschichten erfunden; so soll ich das ganze Verfahren nur deswegen in Gang gesetzt haben, um meinem Kollegen Professor Biallas zu schaden; angeblich auch seien wir beide wild verfeindet gewesen. Nun, es sei hier noch einmal gesagt, niemand hätte den Pächtern irgendwas genommen und schließlich den Vertrag gekündigt, wenn sie die von ihren Mitarbeitern einbehaltenen Steuern und Sozialabgaben regelmäßig abgeführt hätten, wie es jeder Arbeitgeber zu tun hat. Dies und nicht ein Hinweis oder gar eine Anordnung des Finanzsenators hat auch die Steuerfahndung veranlaßt zu prüfen. Die Staatsanwaltschaft schließlich wurde durch eine Debatte in der Bürgerschaft, oder korrekter, durch die Zeitungsberichte über diese Debatte, auf den Sachverhalt aufmerksam und hat daraufhin ein Ermittlungsverfahren eingeleitet, wie es ihre Pflicht war. Ich hätte die kritischen Zeitungsberichte lesen mögen, wenn der Senat nach Vorliegen des Ermittlungsberichtes der Steuerfahndung, in dem der Vorwurf erheblicher Steuerhinterziehung gemacht worden war, die öffentlichen Subventionen nicht sofort gesperrt hätte. In dieser Frage hat es nie eine Meinungsverschiedenheit zwischen dem damaligen Kultursenator Professor Biallas und mir gegeben.

Aber nicht genug damit. Eines schönen Morgens im Monat Mai 1975 war BILD wieder einmal allen voraus und wußte zu melden: »Staatsanwalt ermittelt gegen vier Senatoren«. Auch gegen mich! Was war geschehen? Bei genauer Lektüre – aber auch nur dann – war in BILD zu lesen, daß ein führender SPD-Politiker, wohl wieder einer dieser wichtigtuerischen Schattenboxer, gegenüber BILD geäußert hatte, daß vier Senatoren – außer mir Professor Biallas und die früheren Kollegen Rau und Phillip – gewußt haben müßten, daß die Pächter die Sozialabgaben nicht abgeführt hätten und dies nicht angezeigt haben. Im Gegenteil, sie hätten sich sogar noch für eine finanzielle Unterstützung des Operettenhauses eingesetzt. Ganz abgesehen davon, daß die Nichtanzeige einer solchen Straftat noch nicht strafbar ist, war natürlich auch der Rest falsch, denn es gab überhaupt kein Ermittlungsverfahren gegen uns vier Senatoren. Im Senat war lediglich vorgetragen worden, daß rückständige Steuern gestundet worden seien, um dem Senat und der Bürgerschaft die Entscheidung über die finanzielle Hilfe an das Operettenhaus überhaupt erst zu ermöglichen. Wären diese Steuerschulden vollstreckt worden, dann wäre jede finanzielle Hilfe durch den Staat zu spät gekommen. So aber ist es, wenn BILD zu vermuten anfängt. Die Schlagzeile war zu schön, um dazu noch wahr zu sein. Den Zeilenschreiber, der diesen Artikel verfaßte und der der Redaktion seine Phantasien anbot, kümmerte es nicht, daß hier mit der Wahrheit und mit der Verantwortung für die öffentliche Meinung Schindluder getrieben wurde.

Vor vielen Jahren war beschlossen worden, den Hafen zu vergrößern und ihn dadurch auf die Anforderungen der Zukunft gut vorzubereiten. Leider kann man nicht alles gleichzeitig haben, einen geräumigen und modernen Hafen und gleichzeitig die Erhaltung dörflicher Idylle im Hafenbereich. Altenwerder, ein Dorf am Rande des Hafens, mußte dem Hafen weichen. Dies vorzubereiten, war Sache der Liegenschaft der Finanzbehörde. In einer Zeit, in der staatliche Autorität schon lange nicht mehr genügt, um solche Maßnahmen durchzusetzen, sondern die betroffenen Bürger zunächst jede staatliche Maßnahme in Frage zu stellen pflegen, in einer solchen Zeit ist es eine schwierige Aufgabe, ein ganzes Dorf aufzukaufen und für die Menschen neue Wohnungen, neue Arbeitsmöglichkeiten und damit eine neue Heimat zu schaffen.

Viele Altenwerder Bürger hatten an die Stadt verkauft und zum Teil auch gute, ihnen zusagende Ersatzgrundstücke bekommen, aber es gab einen harten Kern, der nicht – jedenfalls nicht zu dem gebotenen Preis – verkaufen wollte, und dieser harte Kern erschien eines Tages in Form von etwa 40 Altenwerder Landfrauen auf meine Einladung hin zu einem Gespräch im Rathaus. Solche Gespräche, auch wenn sie kein konkretes Ergebnis haben, sind immer nützlich. Man lernt sich kennen und erfährt dabei die Sorgen und Nöte viel direkter als etwa durch Briefe oder aus Zeitungsberichten. Jedenfalls wurde es ein kräftiger Abtausch von Argumenten, in dessen Verlauf immer klarer wurde, daß es den Landfrauen zwar auch um den Verlust der angestammten Heimat, tatsächlich aber vor allem um Geld und nochmals Geld ging. Eine der Sprecherinnen sagte dies ganz offen: »Wer die Heimat verlassen muß, der weint. Mit Geld weint es sich leichter.« Wenn man schon aus seinem Dorf weg muß, so solle die Stadt so teuer wie irgend möglich die aufgegebenen Grundstücke erwerben. Aber die Stadt muß auch sehen, daß ihre »Kirche im Dorf« bleibt, denn zu hohe Preise an dieser Stelle haben zwangsläufig hohe Preise an anderer Stelle zur Folge.

Ich war froh, als am Ende die Frauenschar, zwar nicht zufrieden, aber doch friedlich davonzog. Ich erhielt eine Chronik des Dorfes Altenwerder zum Geschenk. Und einige Tage später brachte mir der Sohn einer der Frauen eine mit dem Bild der Altenwerder Kirche bemalte Milchkanne in die Behörde als Dank für das offene und freimütige Gespräch.

Ich habe mich über diese kleine, gar nicht so selbstverständliche Geste sehr gefreut.

Was tut eigentlich ein Finanzsenator, wenn ihm ein Gewehr geschenkt werden soll? Er nimmt es an, und zwar mit Vergnügen! Es war in jenen Tagen, wo in jeder Behörde jede Pförtnerloge mit Panzerglas versehen wurde und vielerlei andere Schutz- und Sicherheitsmaßnahmen ergriffen werden mußten, da allenthalben der Terrorismus, jener grausame Irrweg von Kindern aus oft wohlbehüteten Elternhäusern, in Mode gekommen war. Auch in der Finanzbehörde wurde jeder Besucher von den wachsamen Pförtnern sorgfältig kontrolliert. Eines Tages trieb es meinen Freund – und was die Akrobatik anbelangt – im übertragenen Sinne meinen Kollegen Arnim Dahl in die Finanzbehörde. Am Pförtner vorbei, natürlich mit ehrerbietigem Gruß, marschierte er direkt und ohne großes Verweilen durch mein Vorzimmer zu mir herein. Ehe ich mich versah, knallte es aus einem Gewehr, das er in der Hand hielt. Unter dem Mantel verborgen, hatte er es hereingebracht. »Hier, Senator, für Dich«, sagte er und gab mir das Ding in die Hand. Es dauerte wohl eine Weile, ehe ich mit verdutztem Gesicht reagierte. »Nein, das ist für Dich, Senator. In diesen Tagen kann man so ein Ding brauchen«, war sein beruhigender Hinweis, und wir beide lachten herzlich. Dieses Lachen wiederum schien auch meine gute Sekretärin, die auf den Schuß hin mit besorgtem Blick zusammen mit einem meiner Mitarbeiter ins Zimmer schaute, zu überzeugen, daß hier zur Sorge kein Anlaß bestand. »Wie sind Sie mit dem Ding«, das nun mir gehörte, »eigentlich am Pförtner vorbeigekommen?« wollte ich von Arnim Dahl wissen. »Ich habe ihm die Flinte vor die Nase gehalten und gedroht, ›wenn Du mich nicht durchläßt, dann klettere ich einfach draußen an der Wand hoch!‹ Er ließ mich durch, was sollte er denn bei dieser Drohung auch sonst tun?«, war seine Antwort. Wo immer wir uns trafen, beim Hafengeburtstag, während des Wahlkampfes oder auch nur ganz einfach so, Arnim Dahl hatte immer ein freundliches Wort und manchmal auch einen Scherz zur Hand.

Zu den bemerkenswerten Erfahrungen in der Politik gehört die Angst vieler Politiker vor den Auswirkungen ihrer Entscheidungen auf die Wähler und deren Stimmen. Wie von einer Tarantel gestochen reagieren manche Politiker, insbesondere solche, die an besonders herausragender Stelle wirken, wenn öffentlich etwas gesagt oder gefordert wird, was nicht gerade den Jubel der Bürger hervorruft, mag es auch noch so vernünftig sein. Zu derartigen Themen gehört zum Beispiel die Besteuerung der Renten oder die Erhöhung von Steuern ganz allgemein. Sehr viele Bürger wissen, daß heute viele Renten und die dazukommenden Zusatzversorgungen eine Größenordnung erreicht haben, die eine Besteuerung nicht nur rechtfertigen würde, sondern – im Hinblick auf das Verhältnis der Renten zum Nettoeinkommen der arbeitenden Bevölkerung – auch geboten erscheinen lassen. Ein Freibetrag würde der Tatsache Rechnung tragen, daß zur Rente aus dem versteuerten Einkommen beigetragen worden ist, obwohl die entsprechenden Versicherungsleistungen bereits als Sonderabgaben weitgehend von der Steuer absetzbar, und damit steuerfrei geblieben waren. Auch Kleinrenten würden durch einen solchen Freibetrag steuerfrei bleiben können. Dies alles sehen viele Politiker und auch viele verantwortungsvoll denkende Bürger genauso.

In einer Denkschrift habe ich daher die Besteuerung der Renten als eine Voraussetzung für die Beibehaltung der bruttolohnbezogenen Rentenanpassung gefordert. Sofort wurde landauf und landab protestiert, als ob Rentner immer noch und in jedem Fall armen oder notleidenden Menschen gleichzusetzen sind.

Als die Finanzlage trotz großer Einsparungen wegen der schlechten Konjunktur immer schwieriger wurde, habe ich beim Einbringen eines, wegen erheblich zurückgegangener Steuereinnahmen, notwendig gewordenen Nachtragshaushaltes in der Bürgerschaft das Thema der Steuererhöhungen angesprochen, und zwar der Mehrwertsteuer von 11 auf 13 %. Vorher hatte ich sondiert und in keinem Bundesland, auch nicht in Bonn, grundsätzliche Bedenken gegen eine solche Forderung erfahren. Auch in Brüssel bei der EG-Kommission sah man die Notwendigkeit einer schrittweisen Anpassung der Mehrwertsteuer in der Bundesrepublik Deutschland an das EG-Niveau. So formulierte ich in der Bürgerschaft: »Eine Anhebung der Mehrwertsteuer ist unumgänglich und verantwortbar«. Alsbald begann ein Geraune im Zeitungswald. »Hat Seeler einen Wink aus Bonn erhalten, durch seine Erklärung das Vorfeld für höhere Steuern zu bereiten?« fragte die WELT. Viele meiner Kollegen wurden von den Zeitungen befragt, aber keiner wollte natürlich offen zugestehen, daß trotz aller Sparmaßnahmen höhere Einnahmen notwendig seien. Jeder zog sich mit mehr oder weniger vagen Formulierungen aus dem Rampenlicht zurück. Steuererhöhungen seien nur die »ultima ratio«; mein Vorstoß sei »wenig hilfreich«, und ähnlich lauteten die Antworten. Auch in Hamburg waren natürlich alle Parteien dagegen. Der Fraktionsvorsitzende der SPD-Fraktion in der Bürgerschaft war »im Prinzip gegen eine Anhebung der Steuern«, erst müsse überall gespart werden; die damalige Landesvorsitzende der FDP hatte »ein Herz für die ärmeren Schichten, deren Einkommen voll in den Konsum geht«. Aber sie meinte auch, um es eben jedem recht zu sagen, man könne nicht für viele Jahre im voraus sagen: »Keine Steuererhöhungen«. Und schließlich sah der damalige Fraktionsvorsitzende der CDU-Fraktion natürlich in meiner Erklärung ein Zeichen für das »Ausmaß der Hamburger Finanzmisere«.

Nun, es bleibt nur noch anzumerken, daß zwei Jahre später der Mehrwertsteuersatz von 11 auf 13% erhöht wurde, weil es eben unumgänglich geworden war.

»Rufen Sie doch den Senator an!« So verkaufte mich eines Tages die »Hamburger Morgenpost« ihren Lesern. Jeder Bürger sollte mir sagen, wo der Staat sparen könnte und sparen sollte. Zwei Stunden saß ich in der Redaktion der »Morgenpost«: »Hamburg sollte weniger Starfighter bauen«, meinte ein Bürger. Und als ich ihn fragte, was Hamburgs Luftwaffe denn ohne Starfighter machen sollte, legte er auf.

»Die Staatsoper müsse billiger werden«, meinten mehrere Anrufer; das Gehalt des Intendanten, über das Tage vorher öffentlich debattiert worden war, sei viel zu hoch. Auch die Gagen der Spitzenstars seien zu aufwendig, war die Meinung einiger Anrufer. Daß diese Künstler aber die Oper füllen und viele Besucher nach Hamburg locken, wird bei aller, oft auch berechtigter, Kritik meistens übersehen. Die Zahl der Beamten sollte verringert werden, forderten andere Anrufer. Aber wehe, wenn der eigene Antrag etwa auf Wohngeld oder eine Baugenehmigung oder der beantragte Reisepaß zu lange bearbeitet wird, dann macht es der Staat auch nicht recht. Es kam aber auch manche gute Anregung, so z. B., daß einige öffentliche Neubauten zu aufwendig gestaltet worden seien. Jemand kritisierte den Baustil des Polizeihochhauses. Dieser sei zu aufwendig und »wird Euch noch auf den Kopf fallen«. Recht hatte er, der Anrufer, vor allem auch mit dem Hinweis, in New York baue man seit vielen Jahren Hochhäuser, ohne daß der Beton den Leuten vor die Füße fällt. Von denen könnten wir lernen. In der Tat, recht hatte er.

Politiker haben Glück, wenn sie einen »dicken Fisch an Land ziehen«. Ich hatte eines Tages das Glück, als Gast des Hamburger Anglersport-Verbandes gleich fünf Dorsche in der Ostsee zu fangen, und dies, obwohl ich vorher noch nie geangelt hatte. Das kam so: Mit der »Christa« waren wir in die Ostsee gefahren. Dort erklärte man uns, das heißt den anderen Gästen und mir, mit den Angeln umzugehen, und bald flogen die Schnüre in hohem Bogen ins Wasser. Ich brauchte gar nicht lange zu warten, bis ich »Zug« an der Angel hatte, und was für einen! Ich hatte Mühe, meinen Fang aus dem Wasser zu holen und sah schon einen Riesendorsch an der Angel. Aber was kam heraus? Ein dickes Bündel Tang! Aber dann biß wirklich ein Fisch, und bald darauf ein zweiter. Mit meinem dritten Fang ging ich in die Anglergeschichte ein, denn diesmal hatte der Fisch nicht gebissen, ich hatte ihn mit dem Haken in der Rückenflosse erwischt und gewissermaßen quer aus dem Wasser geholt. Fünf Fische waren meine »Strecke«, 1 Meter und 46 Zentimeter lang zusammen, und damit wurde ich Fünfter in der Gesamtwertung. Auch ein Erfolg, vor allem aber machte es Spaß.

Es ist überflüssig zu berichten, daß am Ende der Woche meine Kinder zu Hause meinten, nun sei es erst aber einmal genug mit Angeldorsch auf der Familienspeisekarte.

Aber nicht nur mit Fischen, auch mit Pferden hatte ich zu tun. Als Folge der Sparmaßnahmen wurde die Pferdestaffel der Hamburger Polizei aufgelöst. Die Pferde sollten versteigert werden. Der Personalrat der Polizei zog jedoch vor Gericht, weil er glaubte, vor der Auflösung der Pferdestaffel hätte er gehört werden müssen. Es dauerte dann Monate, ehe das Gericht entschied. Und als schließlich die Versteigerung stattfinden konnte, erfuhr ich, daß einige Polizisten ihre angestammten Pferde privat behalten wollten, weil sie ihnen während der langen Dienstzeit ans Herz gewachsen waren. Groß war natürlich das Mitgefühl der Presseöffentlichkeit, die hiervon – wie so oft – schneller als ich erfahren hatte, für diese Tierliebe. Aber das Staatsvermögen, so ist nun einmal die Regel, darf nur gegen Höchstgebot verkauft werden, also im Wege der Versteigerung. Dennoch war ich sicher, mit Zustimmung der Mehrheit aller Hamburger zu handeln, als ich schlicht genehmigte, daß sechs Pferde zum festgesetzten Schätzpreis, und damit wahrscheinlich unter dem endgültigen Versteigerungserlös, ihren ehemaligen Reitern verkauft werden durften. So behielten »Exellenz«, »Loki«, »Laudo«, »Gräfin«, »Korsar« und »Minerva« ihre angestammten Herren und umgekehrt. Auch fürs Herz war etwas getan, so schrieb »Heinrich« im »Abendblatt« dann auch weitschweifig und gefühlsschwanger: »Aber es geschehen noch Wunder. Ausgerechnet der Hohepriester des Sparrituals, Finanzsenator Dr. Hans-Joachim Seeler, hat gestern gegen alle Regeln der Bürokratie sechs Pferde sozusagen dem Auktionator unter dem Hammer weggenommen. ... Eine Blume für den Senator und eine für unsere Leser.«

Die Finanzbehörde und ihr Senator müssen in der Tat vielseitig sein, um alles, was im Alltag der Woche an Fragen und Problemen in den ansehnlichen Schumacher-Bau am Gänsemarkt hineingetragen wird, in geeigneter und vor allem auch in angemessener Weise zu behandeln und zu erledigen. Zuweilen aber entwickeln sich solche Probleme auch im eigenen Hause und werden dann und wann zu Mißhelligkeiten. So war ich nicht wenig überrascht, als ich eines Morgens der Zeitung entnehmen konnte, daß in der Finanzbehörde ein Großhandel mit Fleisch und Wurst betrieben würde. Vom Zwiebelmett bis zum Kalbsbraten, vom Gulasch über Karbonaden bis zum Bierschinken, alles war in unserem Hause wohlfeil zu haben, denn regelmäßig bot der Kantinenwirt, so erfuhr ich, dieses alles den Mitarbeitern zum Kauf an. Bei ihm war es natürlich viel preiswerter als beim Schlachter nebenan. So konnte es nicht lange dauern, bis die Innung der Schlachter laut und deutlich Protest anmeldete. Ausgerechnet die Finanzbehörde, die bei den Schlachtern die Gewerbesteuer eintreibe, trete hier mit Dumping-Preisen als Konkurrent auf. Das sei nun wirklich ein starkes Stück, so war in den Zeitungen zu lesen. Und es kam noch dicker! Die Hygieneverordnung schreibe vor, was alles zu beachten sei beim Fleischverkauf, wurde angemerkt. So müsse z. B. eine Glasscheibe die Ware von den Kunden trennen; es müssen ausreichend Kühlmöglichkeiten vorhanden sein. Die Behältnisse, in denen Fleisch aufbewahrt und angeboten wird, müssen strengen Vorschriften entsprechen. In der Finanzbehörde aber wurde schlicht aus Kisten und Kartons über einen einfachen Tisch verkauft, weil es eben so einfach war.

Mich trafen diese öffentlichen Anschuldigungen unmittelbar, denn hatte ich nicht selbst vor Jahren diese Hygieneverordnungen für notwendig befunden und nicht ohne große Mühe auch im Senat durchgesetzt, als ich noch Gesundheitssenator war? Dies – gottlob! – wußte und schrieb keine der Zeitungen. Aber ich sah schon eine große Debatte im Parlament auf mich zukommen, in der die Unionschristen erneut meinen Rücktritt fordern würden wegen der eklatanten Amtspflichtverletzung durch Wurst- und Fleischhandel und der Verletzung der Hygieneverordnung. Dies geschah jedoch nicht, aber der Handel wurde unverzüglich auf das für einen Kantinenpächter angemessene Maß reduziert; vor allem mußte er in Zukunft die geltenden Vorschriften, insbesondere der Hygieneverordnung, streng und ohne Einschränkungen beachten.

Was sind eigentlich Seeler-»Schätzchen«?

Hierbei handelt es sich nun nicht, wie der geschätzte Leser zunächst vermuten dürfte, um meine Sekretärinnen und andere weibliche Mitarbeiter und auch nicht um ständige Freundinnen, die mir den Aufenthalt in der Bundeshauptstadt, in Berlin und an anderen Treffpunkten bundesrepublikanischer Politiker verschönen sollten. Hierbei handelt es sich vielmehr um eine besondere Form der Finanzierung der staatlichen Ausgaben der Freien und Hansestadt Hamburg.

Hamburg brauchte Geld, viel Geld, um seine Investitionen zu finanzieren. Die normalen Einnahmen aus den Steuern der Bürger, aus Zinsen, Mieten und anderen Quellen reichten bei weitem nicht aus; es mußte Geld geliehen werden. Und das geschah sehr oft auch durch die Auflage von Staatsanleihen, die von den Banken und Versicherungen, aber auch von Bürgern gezeichnet wurden. Vermerkt waren alle diese Forderungen an die Stadt im Schuldbuch der Stadt, einem Register, in dem alle Verbindlichkeiten Hamburgs aufgezeichnet waren. Sehr selten hatte man Anleihen gedruckt und als Stücke über DM 100,–, DM 1000,– und mehr dann verkauft. Dies wollten wir wieder einmal tun, um auch kleinere Sparer zu veranlassen, Anleihen ihrer Stadt zu zeichnen und dadurch ein gewisses Interesse an der Stadt und ihrer Haushaltspolitik zu gewinnen. Ein solches Papier konnte zudem als Geschenk, etwa zu Weihnachten oder zur Konfirmation oder auch bei anderen Gelegenheiten, dienen. Es war also der Versuch, das Anleihesparen ein wenig populärer zu machen.

Der Erfolg war enorm. Die »Seeler-Schätzchen«, wie man das Papier bald nannte, wurden ein Renner und waren in kurzer Zeit verkauft, oder wie die Bänker zu sagen pflegen, placiert. Einer der Gründe hierfür war auch, daß die Laufzeit dieses Papieres 15 Jahre betrug, aber – und das war eben ein kleiner Bonus – schon nach 10 Jahren kann die Anleihe vom Inhaber zum Nennwert zurückgegeben werden. Das erleichterte es uns, den Zins um ¼ % gegenüber dem damals noch gängigen Zinssatz zurückzunehmen. Die Zeitungen priesen das Papier und verkündeten, was alles mit dem Geld finanziert werden sollte. In den »Harburger Anzeigen und Nachrichten« war z. B. zu lesen: »Volksanleihe auch für Harburger Bauten«. Also auch Harburger, oder wenn man so will, auch Hamburger aus Harburg, waren nicht gehindert, diese Anleihe zu kaufen. Am Ende wurden über 50 % der Anleihe von privaten Anlegern gezeichnet.

»Wenn es ums Geld geht, hört zwar bei den Hanseaten die Gemütlichkeit auf, nicht aber das Vertrauen zur Hansestadt.« So schrieb damals die »WELT«, und so muß es auch bleiben. Hamburg hat sich immer mit Erfolg bemüht, eine gute Adresse für solide Geldanlagen zu sein. Das ist ein guter Schutz für die Stadt und für ihre Finanzen, gerade auch in weniger guten Zeiten.

Umgang mit Presse, Rundfunk und Fernsehen

Ein demokratisch organisierter und sich begreifender Staat lebt auch davon, daß die Bürger über das Geschehen informiert werden. Neben den Zeitungen sind es der Rundfunk und das Fernsehen, denen diese Aufgaben und diese Verantwortung zufallen. Die Zeitungen informieren durch die Feder ihrer Journalisten und durch die Kamera ihrer Bildreporter. Der Rundfunk läßt oft auch den Politiker selbst zu Wort kommen, und das Fernsehen schließlich zeigt ihn bei seiner Tätigkeit und hindert ihn, sich hinter der Schutzwand seiner Rhetorik zu verbergen. Nicht selten ist man überrascht, wenn man sich selbst beim Reden oder anderem Tun hinterher im Fernsehen sieht. Zuweilen sind es ganz andere Sätze und Passagen als die, die man selbst für wert und sendefähig gehalten hatte und die nun von den Fernsehjournalisten für würdig befunden wurden, dem Bürger in die Stube gebracht zu werden. Neben solchen Berichten steht das Interview als Form der direkten Information der Bürger durch den Politiker. Nach Pressekonferenzen z. B. oder auch bei herausragenden Ereignissen oder besonderen politischen Themen kommt das Interview zu seinem Recht. Der Rundfunk kommt dann zu zweit – oder auch – wenn gespart werden muß – allein zur Aufnahme eines solchen Interviews anmarschiert. Zuweilen sind die Fragen des Reporters sorgfältig und schriftlich vorbereitet. Er liest sie vor, und dann muß die Antwort des Politikers aus dem Stegreif kommen. Sie darf nicht zu lang sein, aber sie muß auch umfassend und vor allem klar und verständlich sein, so daß der Hörer versteht, worum es geht und was man meint. Geht ein Satz daneben, verheddert man sich in den eigenen Worten und Gedanken oder hat man Wichtiges vergessen, dann wird wiederholt, denn das Tonband ist geduldig. Manche Rundfunkreporter sparen sich eine Überraschungsfrage für den Schluß des Interviews auf und genießen dann das erstaunte Gesicht des Befragten, wenn er nun ganz unvermittelt antworten soll, ob er demnächst Bürgermeister oder Landesvorsitzender seiner Partei würde, nachdem er zuvor über die Haushaltslage der Stadt eingehend befragt worden war. Hier hilft es, ganz ruhig zu bleiben, Pause zu machen – denn dann wird der Reporter nervös, weil sein Band und damit seine Sendezeit ja weiterläuft – und ruhig zu antworten oder auch nicht zu antworten. Dann muß der Reporter schneiden oder aber der Hörer erfährt, daß man auf eine Frage eben nicht antworten will oder noch nicht antworten kann.

Anders sind Live-Aufnahmen. Beim Rundfunk z. B. sitzt man im Studio in einem absolut schalldichten und deswegen beinah unheimlich wirkenden Raum. Man räuspert die Stimme zur letzten Klarheit, überlegt die Sache und fixiert die Partner des Gesprächs. Leise hört man die laufende Sendung und dann die Ankündigung. Jetzt hört die Welt mit! Und dann läuft alles wie geschildert ab, nur wiederholt werden kann es nicht. Was man sagen will, muß sofort und in richtiger Weise kommen. Am besten, man vergißt dabei das Studio und tut so, als ob man ein ganz normales Gespräch führt.

Wieder ganz anders ist eine Fernseh-Live-Sendung, etwa in der »Schaubude«. Am Sonnabend abend von 19.15 bis 19.50 Uhr läuft diese bekannte und beliebte Sendung im ARD-Programm, aber spätestens um 5 Uhr nachmittags müssen die Akteure, die Sänger und Tänzer, die Autoren und die Menschen, die im Lichte des bürgerlichen Alltags stehen und eben auch die Politiker zur Stelle sein. Viel zu früh, wie man bald merkt. Aber Fernsehen und Militär haben wenigstens dieses gemeinsam: Die Truppe muß Stunden vor dem Termin stehen! Zunächst, wenn man pünktlich gekommen ist, passiert nur wenig. Man hat Glück, wenn man den oder die für die Sendung Verantwortlichen findet. Man steht herum und beobachtet, wie Technik, Beleuchtung und Kulissen für die Sendung vorbereitet werden. Irgendwann taucht dann die Prominenz der Sendung – damals waren es Christian Müller und Marie-Louise Steinbauer – auf.

Natürlich ist der Ablauf der Sendung von ihnen bereits auf die Sekunde genau vorbereitet und schriftlich festgelegt. Nur die Antworten der befragten Studiogäste fehlen noch. Was und wie gefragt und wie geantwortet werden soll, wird vorbesprochen, und zuweilen lernt auch der Redakteur eine ganze Menge dazu und muß seine Fragen ändern. Dann läuft die ganze Sendung als Probe. Man sitzt und hört die Fragen und antwortet. Zuschauer ist der Regisseur. Einmal mußte ich über die Schluckimpfung gegen Kinderlähmung berichten und ich wollte für sie werben. Um dies deutlich zu tun, hatte ich einen Teelöffel mit einem Stückchen Zucker mitgebracht. Ich wollte demonstrieren, wie einfach diese Impfung ist. Plötzlich, während ich die Impfung erklärte, ein Schrei aus irgendeiner Ecke des Studios: »Die Hände! Die Hände müssen weg!« Was war geschehen? Ich hatte den Teelöffel mit dem Zucker in meiner Hand hochgehalten, um den Zuschauern zu zeigen, was ich erklärte und damit praktisch das ganze Bild mit meiner – vorher nicht geschminkten – Hand ausgefüllt. Also noch einmal das Ganze. Diesmal den Löffel in der Hand nur angedeutet und die Regie war zufrieden. Aber geschminkt wurden nun auch meine Hände.

Wie beim Friseur sitzt man im Schminksalon des Fernsehstudios. Das Gesicht wird mit Puder und Farbe übertüncht, die Haare werden sorgfältig geglättet und Augenbrauen und Lippen angefärbt, damit ja die Illusion nachher auch stimmt. Ich erfuhr, daß man kein weißes Hemd tragen darf. Dieses schimmert bläulich auf der farbigen Mattscheibe. Also erhielt ich beim ersten Mal ein leicht getöntes Oberhemd aus dem Fundus als Leihgabe für die nächste Stunde.

Ist das Schminken vorbei, die Probe gut gelaufen, dann ist erst einmal wieder Pause. Man sitzt und klönt in der Bar. Einen Drink und manchmal ein zweiter ist alles, was das Fernsehen als Entgelt für diesen Zeitaufwand spendiert. Aber, wie gesagt, die Politiker wollen gesehen – und geliebt – werden! Auch hatte ich Glück, bei diesen Auftritten manchen prominenten Künstler persönlich zu sehen. Roy Black, Roberto Blanco, Rex Gildo und andere lernte ich kennen und klönte mit ihnen. Jedesmal bekam ich Autogramme für meine vier Kinder. Man war ja gewissermaßen Kollege.

Dann kam die eigentliche Sendung, und nun wurde es aufregend. Zunächst lief die Werbung, dann die Ansage, und dann war alles plötzlich ruhig. Die Sendung lief, und auf der Kamera, deren Bild gerade gesendet wurde, leuchtete eine Lampe rot auf. Nach den Gesprächen und Interviews kamen immer wieder Künstler, Sänger und Tänzer an die Reihe. Das war dann die Verschnaufpause für alle, denn gesendet wird in der Regel nur das Bild, nicht auch der Ton. Der lief als Play-back von einem Band oder einer Platte. Die Künstler mußten nur aufpassen, daß ihre Mundbewegungen mit dem Text der Musik übereinstimmten.

Schließlich saß ich dann selber am Tisch und war »auf Sendung«. Keine Aufregung mehr, alles lief wie vorbereitet. Selbst das Kratzen an der Nase, um die von der gleißenden Hitze der Lampen erzeugte Schweißperle zu beseitigen, wirkte natürlich. Und schneller als erwartet waren die mir zugedachten Minuten vorbei. Merkwürdig ist es schon, den rot leuchtenden Ring um die Kameralinse zu sehen und zu wissen, jetzt sehen dir viele Tausende zu und auch deine Familie daheim sieht, was du hier treibst.

Danach geht dann alles sehr schnell. Man wird wieder abgeschminkt. Dazu bekommt man eine Salbe, die an die Borsalbe der Kindertage erinnert, übers Gesicht geschmiert und mit Papiertüchern werden Schminke und Puder entfernt. Aber erst abends zu Hause, mit heißem Wasser, und zwar mehrfach, wird man den Kleister endgültig los. Ein kurzes Dankeschön – auf Wiedersehen beim nächsten Mal, und vorbei ist dieser Auftritt in den Studios dieser Beherrscherin unserer freien Zeit, dieses weltumspannenden Nachrichtentransportunternehmens und dieser Fabrik von Illusionen und Träumen.

Gefährlich, besonders für den politischen Anfänger, sind Pressekonferenzen. Sie können ungewollt und manchmal unbemerkt zu einem Stelldichein von Fettnäpfchen und Fallstricken aller Art werden.

In aller Regel lädt der Politiker zu einer Pressekonferenz ein, um über ein ganz bestimmtes Thema zu informieren und Neuigkeiten zu verkünden. Fast nicht bemerkt, ganz klammheimlich oder aber auch offen und direkt mit heiterer, ehrlicher Miene werden dann aber plötzlich Fragen zu ganz anderen Themen gestellt, zu denen man eigentlich nichts sagen wollte oder jedenfalls noch nicht heute. Wehe dem Politiker, der sich verführen läßt durch die freundlichen Mienen der schreibenden Zunft und zu plaudern beginnt. Die Lektüre der Presse am nächsten Morgen kann herbe Überraschungen bringen.

So erging es mir am Anfang meiner Tätigkeit als Gesundheitssenator. Zu einem ganz anderen Thema hatte ich die Presse geladen, als plötzlich nach meiner Meinung zu einem Buch gefragt wurde, in dem ein nach Südamerika emigrierter früherer Hamburger Arzt herbe Kritik an der Krankenhausmedizin, der ärztlichen Qualität und Befähigung und vor allem auch der mangelnden Überwachung ärztlichen Wirkens geübt hatte. Dieses Buch hatte viele Ärzte aufs höchste getroffen und erregt. Wie so oft hatte der Autor sicherlich vorkommende Mißstände und Einzelfälle verallgemeinert und dadurch seiner Kritik die Wirkung genommen.

Ich jedenfalls plauderte über die Kontrolle des ärztlichen Handelns und erzählte, daß ein falsches Urteil des Amtsrichters durch die höhere Instanz korrigiert werden könne oder die falsche statische Berechnung eines Bauwerkes bei der Prüfung auffalle und geändert werden könne. Bei Ärzten hingegen gäbe es nur den Herrgott als oberste Kontrollinstanz. Auch würde ein Jurist oder Techniker oder sonst wer, der ständig Fehler macht, keine Aufträge mehr bekommen oder nach der Probezeit entlassen. Bei den Ärzten sei dies ganz anders. Wenn Fehler entdeckt würden, sei es oft schon zu spät. Auch würden solche Fehler um des Ansehens willen gern verschwiegen, daher sei öffentliche Kritik im Prinzip durchaus eine gute und begrüßenswerte Sache. So also plauderte ich und antwortete auf die weiteren Fragen.

Am nächsten Morgen war die Hölle los. BILD berichtete, rot unterlegt, unter der Überschrift »Mehr Kontrolle für die Ärzte in Hamburg« über die Pressekonferenz und verkündete meine so dahingeplauderten Gedanken als Grundsätze der neuen Gesundheitspolitik in Hamburg. Das Telefon stand nicht mehr still, man wollte eine Bestätigung oder ein Dementi dieser Pressemeldung. Zahlreiche Briefe gingen ein, in denen ich oft von Ärzten aufs häßlichste beschimpft wurde. Besonders grob war der Brief eines damals stadtbekannten Geburtshelfers, der selber viele Jahre später wegen der versuchten Tötung eines Neugeborenen vor Gericht stehen sollte.

Ich versuchte, so gut es ging, Öl auf die brausenden Wogen ärztlicher Betroffenheit zu gießen und so aus den Fettnäpfchen wieder auszusteigen, in die ich dank meiner Unerfahrenheit im Umgang mit den Zeitungsmachern geraten war. Aber ich habe auch gelernt, nur noch solche Dinge in Gegenwart von Journalisten zu erzählen oder auch nur so dahinzuplaudern, die am nächsten Tag in den Zeitungen auch gelesen werden durften.

Im Grunde habe ich sie oft bedauert, die Schreiber der Hamburger Zeitungen. Jeden Tag mußten sie Nachrichten sammeln und Meldungen fabrizieren, auch dann, wenn es wirklich nichts Besonderes zu berichten gab. Die Zeitung mußte geschrieben werden! Das Normale, Alltägliche ist ohne besonderen Nachrichtenwert. Wenn in einer Behörde alles klappt, alle ihre Pflicht tun, so gibt es darüber keine Zeile. Aber wenn irgendwo etwas geschieht oder wenn das Gras irgendwo allzu laut wächst, dann sind die Matadore der spitzen und manchmal auch der stumpfen Feder zur Stelle, und hinter den Redaktionsfenstern werden Überschriften unter Verwendung der gewichtigsten Vokabeln der deutschen Sprache geprobt, wieder verworfen und erneut geprobt, bis die Überschrift, die Schlagzeile sitzt.

Ein Beispiel für die oft schreckliche Vereinfachung in den Zeitungen war der Rücktritt von Peter Schulz als Hamburger Bürgermeister. Überall war zu lesen, daß er am Sparprogramm gescheitert sei und erst Hans-Ulrich Klose, sein Nachfolger im Amt dieses dann durchgesetzt habe. Zum Beweis für diese These wurde darauf hingewiesen, daß im Jahre 1974, dem Beginn der Sparmaßnahmen in Hamburg, nur ganze 20 Millionen D-Mark unter seiner Stabführung hätten eingespart werden können. Dies ist natürlich eine völlig unsinnige Begründung, denn die Sparmaßnahmen, die 1974 vorbereitet und Ende 1974 sowie Anfang 1975 beschlossen und eingeleitet wurden, sollten und konnten erst in den Jahren danach nennenswerte Ergebnisse bringen. 1974 konnte man weder Personal einsparen noch Baumaßnahmen stillegen, man konnte nur – *in wenigen Wochen* – laufende Ausgaben auf *erkennbare Sparmöglichkeiten* durchsehen. Dies war geschehen und hatte die erwähnten etwa 20 Millionen erbracht.

Sparen ist an sich gar nicht so schwer, wenn andere davon betroffen werden. Der eigene Bereich ist stets so wichtig, daß er für Einsparungen überhaupt keinen Spielraum läßt. Deswegen auch löste das Sparprogramm zunächst mehr Proteste als Zustimmung aus, denn alle Bereiche waren betroffen. Jeder hatte zu klagen. 1,6 Milliarden mußte Hamburg innerhalb der Jahre 1975–1978 einsparen, um seinen Haushalt wieder einigermaßen ins Lot zu bringen. Dies erforderte harte Eingriffe. So war u. a. vorgesehen, 4000 Planstellen für städtische Bedienstete zu streichen. Neue U- und S-Bahnstrecken konnten vorerst nicht begonnen werden. Die Wohnungsbauförderung mußte reduziert werden. Staatliche Leistungen sollten künftig im

Regelfall gegen kostendeckende Gebühren gewährt werden. Dies bedeutete Einnahmeverbesserungen durch z. T. erhebliche Erhöhungen von Gebühren, die zuweilen seit Jahrzehnten unverändert geblieben waren. Auch sonst war viel Phantasie nötig, um vorhandene Sparmöglichkeiten aufzuspüren. In den öffentlichen Bädern z. B. wurde die Temperatur des Wassers um 1° C gesenkt, kaum zu spüren, aber man sparte damit Energie und somit staatliche Subventionen. Die Straßenbeleuchtung in Hamburg wurde abends schon um 21 Uhr und nicht, wie bis dahin ab 23.30 Uhr, in ihrer Leuchtkraft reduziert, ohne daß dies allzu spürbar war. Auch hierdurch wurden erhebliche Beträge eingespart. Manchmal konnten auch überflüssig gewordene Staatsleistungen entdeckt und eingeschränkt oder eingestellt werden. So waren z. B. viele Standesämter in der Stadt infolge der zurückgehenden Heiratslust mehr oder weniger arbeitslos geworden. Ihre Reduzierung ersparte der Stadt Personal- und Sachkosten.

Es wurde ein langer Katalog von kleinen und großen Einsparungen, die in den folgenden Jahren vorgenommen werden sollten, um Hamburgs finanzielle Bewegungsfreiheit wieder herzustellen. Tatsächlich konnte Hamburg 1977 seine Verschuldung erstmalig wieder abbauen.

Mit Ausnahme der abschließenden Senatsentscheidung Anfang 1975 fielen die wesentlichen, das Sparprogramm vorbereitenden Entscheidungen des Senats noch unter Führung von Bürgermeister Peter Schulz vor seinem Rücktritt.

Aber für viele Zeitungen war dies zu kompliziert. Die andere Version war einfacher und leichter darzustellen.

Ohne langes Zögern und mit viel Mut zu unpopulären Schritten setzte Hans-Ulrich Klose den Weg, den Peter Schulz und ich eingeschlagen hatten, mit mir fort. Im Senat und auch vor der Presse bekannte er sich zu den Sparbeschlüssen und verteidigte diese. Ich vergesse nicht seine mutigen Worte: »Wir haben uns festgefahren und übernommen, denn sicher sind unsere finanziellen Schwierigkeiten auch die Folge jener Bewilligungsdemokratie, die wir allzu lange praktiziert haben.«

Endlich hatte die Opposition in der Bürgerschaft auch einmal Gelegenheit, meinen Rücktritt zu fordern: Der Rechnungshof hatte ermittelt, daß beim Umbau des Harburger Krankenhauses in den Jahren 1973–1975 mehr Mittel ausgegeben waren, als von der Bürgerschaft für diesen Umbau bewilligt worden waren. Dafür müsse der ehemalige Gesundheitssenator seinen Hut nehmen, so war es bereits vor der Bürgerschafts-Debatte in der Presse zu lesen. Ich war etwas perplex, nicht wegen der Sache, sondern wegen des kurzen Gedächtnisses der Opposition, denn tatsächlich war ich in der Zeit, um die es hier ging, Justiz- und später Finanzsenator und schon lange nicht mehr Präses der Gesundheitsbehörde. Als ich nach den polemischen Attacken des Oppositionsführers dies ganz kurz und nüchtern erklärte, da war es ungewöhnlich lange still in den Reihen der Opposition. Dann endlich fing man sich, und nun wurde mir vorgeworfen, ich hätte als Gesundheitssenator für diesen Umbau zu geringe Mittel eingeworben, also ich sei zu sparsam gewesen! Nur, das hatte der Rechnungshof gar nicht bemängelt, sondern seine Kritik richtete sich auf die nicht rechtzeitige Nachforderung der entstandenen Mehrkosten.

Manchmal spuckt die Redaktion den Zeitungsschreibern auch kräftig in die Tinte, und am Ende kommt dann etwas ganz anderes heraus, als der Journalist zunächst verfaßt hatte. So hatte ich irgendwann einmal vorgeschlagen, daß die Steuerlisten bei uns, wie z. B. in Schweden, veröffentlicht werden sollten. Warum sollte nicht bekannt werden, wieviel jeder Bürger dem Staat, der Allgemeinheit an Steuern zur Verfügung stellt. Es ging mir nicht darum, öffentlich zu sagen, wieviel jeder verdient, sondern nur darum, wie hoch der Steuerbetrag ist, den ein jeder von seinem Einkommen zahlt. Von der »WELT AM SONNTAG« wurde ich deswegen interviewt und ich erläuterte meinen Vorschlag. Überrascht war ich aber später, unter der Überschrift »Wanzen ins Portemonnaie« in der WamS zu lesen, daß ich eine Offenlegung der Einkommen, also ein gläsernes Portemonnaie gefordert hätte. Damit wurde eine gute Idee öffentlich zerstört, wohl auch deswegen, weil sie denen, die das Interview umfälschten, nicht in ihre persönliche Steuermoral zu passen schien.

Zu den eifrigen Lesern der »WamS« (»WELT AM SONNTAG«) gehörte offensichtlich auch die damalige Redaktion der »Morgenpost«. Jedenfalls las ich dort zwei Tage später die Überschrift »Sollen alle wissen, was Sie verdienen?« Dem dann folgenden Artikel konnte man fast wörtlich entnehmen, was die »WamS« Tage vorher geschrieben und was ich weder so gesagt noch gewollt hatte. Gefragt hatte mich niemand von der »Morgenpost«. Erst ein Brief von mir, den sie als Leserbrief veröffentlichte, veranlaßte die Redaktion dann richtigzustellen, daß ich die Offenlegung der Steuerlisten, nicht aber der Einkommen gefordert hatte.

Aber nicht genug damit. Die »Morgenpost« forderte ihre Leser auf, zu meinen, so gar nicht gemachten Vorschlägen Stellung zu beziehen. Und das taten viele. Wohl zur Überraschung der Redaktion waren viele mit dem Vorschlag durchaus einverstanden. Natürlich waren auch viele dagegen. »Man wolle kein Nachschlagewerk für Kidnapper.« »Es würde Neid erzeugt.« »Es gäbe Wichtigeres für mich zu tun« und ähnlich lauteten die negativen Argumente.

Aber mir ging es mit meinem Vorschlag darum, ähnlich wie in Finnland, in Schweden oder der Schweiz, offenzulegen, was der Bürger für den Staat aufbringt. Mit dem Steuergeheimnis hat dies im Grunde überhaupt nichts zu tun. Die Einzelheiten der Ermittlung des zu versteuernden Einkommens und die Berücksichtigung individueller, die Steuer beeinflussender Tatbestände werden von der Veröffentlichung der Steuerlisten überhaupt nicht betroffen. Andererseits aber, so meine ich, könnte eine solche Maßnahme dazu angetan sein, vielen Bürgern und der Öffentlichkeit die Augen zu öffnen über die große Diskrepanz zwischen Einkommen und gezahlten Steuern in unserem Lande. Sehr oft eröffnen höhere Einkommen überhaupt erst die Möglichkeit, in nennenswertem Maße Steuern zu sparen und damit Vermögen zu bilden. Daß auch der Steuerparteitag der Sozialdemokraten einige Jahre zuvor ähnlich votiert hatte, dies war der »Morgenpost«, die damals noch zum größeren Teil im Eigentum der SPD stand, offenbar völlig entgangen.

Zuweilen geht die Feder auch mit ihren Haltern durch. Dann zeigt sich, daß nicht jeder, der schreiben kann, auch die nötige Selbstkontrolle besitzt, die erforderlich ist, wenn man öffentliche Meinung machen und beeinflussen will. So geschah es um den Jahreswechsel 1974/75, daß gewissermaßen als Weihnachtsgabe mein Kollege, der Bausenator, unterstützt vom Sprecher meiner Fraktion für diesen Bereich, allen bauwilligen Bürgern städtische Grundstücke für den Bau eines Eigenheimes versprach. Ich war vorher nicht informiert worden, obwohl Grundstücksangelegenheiten Sache der Finanzbehörde waren. Selbst wenn wir gewollt hätten, wir konnten gar nicht, jedenfalls nicht so schnell, allen bauwilligen Bürgern helfen. So viele baureife städtische Einzelhausbauplätze, wie mein Kollege Dr. Bialas allen Interessenten versprach, gab es überhaupt nicht.

In den folgenden Tagen konnten sich die Mitarbeiter im Liegenschaftsamt der Finanzbehörde vor Anfragen überhaupt nicht mehr bergen, denn die Baubehörde verwies alle Interessenten, natürlich zuständigkeitshalber, an uns, und sie tat so, als sei es im Grunde nur eine Frage des guten Willens der Finanzbehörde, ob man Bauwilligen helfen wolle oder nicht.

So mußten wir mit einer Pressemeldung reagieren und die geweckten großen Hoffnungen etwas dämpfen. Die Resonanz einer Zeitung auf diese Pressemeldung war ein fast flegelhafter Artikel, der in der Aussage gipfelte, die Beamten wollten doch nur alle Grundstücke für sich selbst und ihre Freunde behalten, das allein erkläre die Zurückhaltung der Finanzbehörde.

Ich reagierte mit einer scharfen Stellungnahme, die, nach langem Hin und Her, in einem redaktionellen Artikel von dieser Zeitung dann auch gebracht wurde. Und erst jetzt – nicht etwa bevor er seinen Artikel geschrieben hatte – war der betreffende Journalist bereit, sich in einem Gespräch mit mir über die Sachlage, und insbesondere über die Situation auf dem Hamburger Markt für Einzelhausbaugrundstücke zu informieren.

Zuweilen hat man aber auch Spaß an den Zeitungen und ihren Machern. Anfang 1970 war eine lebhafte Diskussion über das neue Krankenhausfinanzierungsgesetz Bund auf, Bund ab in vollem Gange. Ich strebte energisch danach, die Krankenhäuser wirtschaftlich selbständiger zu machen und ihnen mehr Eigenverantwortung für ihre Finanzen zu verschaffen. Es ging darum, die kameralistische Haushaltsgestaltung durch die kaufmännische Buchführung, d. h. unter anderem auch durch eine Gewinn- und Verlustrechnung zu ersetzen. Dies und anderes erklärte ich auf einer Pressekonferenz und las am Tage darauf in der »WELT«: Die »karnevalistische Buchführung« solle in den Krankenhäusern nunmehr abgeschafft werden.

Sogar auch meine Hosen haben Hamburgs Presse einmal beschäftigt, und das war so: Eines Tages kam ich in die Bürgerschaft und bevor ich noch meinen Platz auf der Senatsbank erreichte, stürzte ein Fotograf auf mich zu und bat mich, ein Foto von mir machen zu dürfen. Er brauche ein solches Foto von mir, und zwar eines vom Kopf bis zum Fuß. Eitel, wie auch Senatoren sind, stand ich also brav und ließ mich ablichten. Ich hatte diese Episode längst vergessen, als ich Wochen später, auf Urlaub in den jugoslawischen Alpen, eine Hamburger Ausgabe der »WELT« in die Hände bekam und dort lesen konnte: »Mit solchen Hosen würde ich mich nicht auf die Straße wagen.« Unter den zahlreichen, vom Gürtel bis zu den Schuhen abgebildeten Hosenträgern fand ich auch mein Beinkleid in dieser Zeitung, und ich las, daß ein als renommiert betitelter Hamburger Schneidersmann sich die Hosen einiger Senatoren vorgenommen und sie kritisch beurteilt habe. Ich las weiter: »Pikiert legt er ein Foto beiseite, das Justizsenator Seelers Beinkleid zeigt.« Ich erfuhr, daß mein Beinkleid am Fuße zu eng sei. »Der Mann legt offensichtlich keinen Wert auf seine Kleidung.« Mit meiner Hose würde er sich nicht auf die Straße wagen, wurde ich schließlich belehrt.

Ich griff diese vergnügliche Zwiebel auf und schrieb aus Jugoslawien an die Redaktion folgenden Leserbrief, der einige Tage später ungekürzt erschien:

»Wie es der Zufall so will, bekomme ich hier in den Julischen Alpen, nichts Böses ahnend, eine Hamburger Ausgabe der »WELT« in die Hände. Begierig, politische Neuigkeiten von daheim zu erfahren, fällt mein Blick auf lauter Herrenhosen, unter diesen auch mein gutes Beinkleid, das auf der Straße zu tragen Ihr, von seiner Näh- und Bügelkunst so angetaner Ratgeber ja auch nie in Verlegenheit käme – denn diese Hose gehört ja mir.

Wieviel Zeit müßte man haben, um sich ständig der textilkonsumierenden Mode anzupassen, mal Schlauch-, mal Schlabberhosen, mal eng, mal weit, mal mit, mal ohne Umschlag. Bei Gottfried Keller und bei Schneidermeister Krüger machen Kleider Leute, in Hamburg gottlob noch nicht. Jedenfalls hatte ich Mühe, mich gegen vielfältige Vorschläge meiner Familie für neue Hosenmoden im Senat zu behaupten: Jeans, aber richtig ausgewaschen und mit Fransen am Ende, Cord- und Bundhosen, Knickerbocker – alles wurde mir, als bügelfaltenfrei zu tragen, angepriesen.

Es wird wohl dabei bleiben: Mal besser und – nach langen Sitzungen – mal weniger gut gebügelt, werden meine Hosen sein und sicher nicht für 2000–3000 DM das Stück Anzug. Hier halte ich es mit der großen Mehrheit der Hamburger, die sich für diesen Preis nicht neue Anzüge kaufen.

Aber wie wäre es mit der öffentlich erhobenen Forderung nach einer Rathaus-Bügelstube. Die Frage ist nur, wäre dies Sache der Bürgerschaft oder des Senats. Vielleicht wünschte auch manche Journalistenhose zuweilen eine neue Falte, also eine begrenzt öffentliche Bügelstube? Vielleicht regt dieser Gedanke zu einer neuen Untersuchung an. Oder wie wäre es mit der – natürlich fachmännischen und von jeder Werbung freien – Begutachtung senatorlicher Frisuren, Schlipsknoten, Armbanduhren – natürlich nur Schweizer Fabrikat – oder gar Sockentragegewohnheiten?«

Wenn man, wie wir, einen Bauernhof hat, dessen Zimmer im Winter mit Hilfe solider Öfen geheizt werden, so muß man rechtzeitig dafür sorgen, daß Holz herangeschafft wird, d. h. im Spätwinter und im Frühjahr muß Holz gesägt und gehackt werden. Für die Gesundheit eines weitgehend an den Schreibtisch gebundenen Menschen ist dies eine nützliche Tätigkeit, aber es kann auch einmal schiefgehen und irgendwann einmal, genau weiß ich es nicht mehr, flog mir so ein Stück Holz ans Knie. Es gab einen blauen Fleck und es tat einige Tage weh, dann war es vergessen. Später, viel später, beim Bergsteigen, oder genauer, beim Bergabsteigen stellten sich mit der Zeit Schmerzen im Knie ein, die wieder verschwanden, aber regelmäßig wiederkamen und schließlich blieben. Das Gehen, das Laufen, die Gartenarbeit, alles wurde beschwerlicher. Schließlich, als nichts mehr half und ich auch mir selbst gegenüber keine Ausrede mehr fand, ging ich zum Arzt. Das Röntgenbild zeigte einen kleinen Knochensplitter, der entfernt werden mußte. Das geschah bei örtlicher Betäubung, und es tat hinterher ziemlich weh. Aber nach einem etwas längeren Wochenende ging ich, mit einem Stock bewaffnet, wieder ins Rathaus, und prompt lief mir einer der großen BILD-Schreiber über den Weg. Ein Foto, ein kurzer Bericht, was mit mir geschehen war, und er zog ab, um über des Senators verletztes Knie zu schreiben. Eine kleine Glosse, eine Nachricht, so dachte ich.

Am nächsten Morgen las ich ganz groß »Senator Dr. Seeler beim Holzhacken verletzt – Operation.« Und dann folgte eine dramatische Geschichte: Ein Holzklotz habe mich mit »unvorstellbarer Wucht« getroffen, ins Krankenhaus, Operation. Ein Taxi habe mich nach Hause gebracht, so erfuhr ich. In Wahrheit hatte mein Fahrer mich mit dem Dienstwagen heimgebracht. Nicht genug damit; »drei Tage mußte mein Jochen mit einem Streckverband im Bett liegen«, so wurde meine Frau zitiert, die nie mit diesem Zeitungsschreiber gesprochen hatte. Aber immerhin endete diese BILD-Geschichte mit dem Wunsch: »Herr Senator: Gute Besserung.« Und BILD hat geholfen! Nach wenigen Wochen war alles vergessen.

Im übrigen sind Epidemien und ähnliche Ereignisse auch durchaus »pressefreundlich«, denn sie stellen sich besonders gern während der Feiertage oder zu anderen Zeiten, in denen man das politische Alltagsgeschäft vergessen möchte, ein.

So war es ein Karfreitag, als mich die Nachricht erreichte, im Hafen sei auf einem Zerstörer Typhus ausgebrochen. Was dies für eine große Hafenstadt bedeutete, kann jeder ermessen, der die strengen Seuchenbestimmungen in der Seefahrt kennt. Für die Gesundheitsbehörde bedeutet diese Nachricht, daß die Osterfeiertage praktisch ausfallen mußten. Es kam darauf an, die Quelle dieser Seuche so schnell wie möglich zu finden, und das gelang. Der Zerstörer hatte beim Aufnehmen von Trinkwasser ganz einfach die Anschlüsse verwechselt und den Trinkwassertank mit Brauchwasser, das ist gereinigtes, aber nicht keimfreies Elbwasser, gefüllt!

BILD-Geschichten können auch sehr ernste Konsequenzen haben. Eines Tages und ohne Absicht bekam ich Streit mit islamischen Gastarbeitern in unserer Stadt, und dies geschah so: Eine Kontrolle der Herstellung, der Lagerung und des Vertriebes bestimmter Softeisprodukte ergab einen unzulässig hohen Gehalt an Bakterien. Weitere Untersuchungen zeigten, daß einige Arbeiter, die bei der Herstellung und beim Vertrieb beschäftigt waren, sich nach dem Gang auf ein »stilles Örtchen« nach islamischem Brauch zu reinigen pflegten, und zwar, indem sie dazu Sand benutzten, u. a. auch für ihre Hände. Viele dieser Gastarbeiter waren nicht mit den europäischen hygienischen Einrichtungen vertraut. Daher forderte die Gesundheitsbehörde alle Betriebe auf, die islamische Arbeitnehmer beschäftigten, ihre Arbeiter über diese Dinge zu informieren und auf die Einhaltung der erforderlichen Hygienevorschriften zu achten.

Aber was passieren mußte, geschah. BILD erfuhr von diesem Schreiben, wohl auch, weil einer der Empfänger dieses Briefes sich besonders wichtig machen wollte. Verfälscht und nur der Sensation dienend, nicht aber der Wahrheit verpflichtet, berichtete BILD in einer für die islamischen Gastarbeiter diskriminierenden Weise darüber. Aber, wie so oft, war BILD danach nicht bereit oder auch nicht fähig, die Verdächtigungen offiziell zu widerrufen. Nur eine kleine richtigstellende Notiz erschien, das war alles.

Damit war die Angelegenheit jedoch nicht aus der Welt, denn auch Mohammedaner, die in der Bundesrepublik leben, lesen zuweilen BILD. Und so griff »Die arabische Welt«, eine Zeitung islamischer Gastarbeiter, das Thema in einem bösen Artikel auf, ohne vorher mit der Gesundheitsbehörde gesprochen und sich über den wahren Sachverhalt informiert zu haben, eben nur im Vertrauen auf BILD. Wir hätten empfohlen, so war in dieser Zeitung zu lesen, alle islamischen Gastarbeiter zu entlassen und damit an NS-Ideen angeknüpft. Dies stimmte natürlich nur mit der Nachricht in der BILD-Zeitung, nicht aber mit der Wahrheit überein. Ein Gespräch mit dem islamischen Komitee und auch eine Korrespondenz mit dem Präsidenten der islamischen Gesellschaft klärte diese schnell über den wahren Sachverhalt auf, aber eine gemeinsame Presseerklärung kam nicht zustande und auch ein Abdruck unseres richtigstellenden Leserbriefes in »Die arabische Welt« erfolgte nicht. Man wollte sich wohl nicht blamieren und zugestehen, daß man BILD mehr vertraut hatte als der Wahrheit.

Politiker sind auch Menschen, gewiß, eine banale Feststellung, aber wie alle Menschen möchten sie auch zuweilen in den Schatten des öffentlichen Glanzes treten und nur einfacher Bürger sein. Aber je häufiger sie in Bild und Film mit ihrem Gesicht oder ganz und gar erscheinen, desto schwieriger wird es für sie, sich zu verbergen und wieder unbekannt, unerkannt einer unter vielen zu sein. Wir fuhren vor Jahren nach Norwegen, um Urlaub zu machen. Mit dem Wagen ging es zuerst nach Kiel und dort auf die Fähre nach Oslo. Der Wagen war verstaut, die Kabine bezogen und der Schlips für mehrere Wochen vom Halse verbannt, als wir nach einem Platz in der Sonne auf Deck Ausschau hielten. Plötzlich richtete sich ein nicht mehr ganz junger Herr in seinem Liegestuhl auf und grüßte freundlich: »Guten Tag, Herr Senator, ich kenne Sie aus der BILD-Zeitung!« Das hörten andere und wir hörten es hier und da munkeln, »ach ja, das ist doch der Seeler, der Hamburger Senator« oder »sieh mal, wir haben Prominenz an Bord« oder auch »den hab' ich neulich im Fernsehen gesehen«.

Die Medien hatten uns wieder!

Diesmal waren es die Filmer, die Fotografen unter den Journalisten, die dafür gesorgt hatten.

Sie gehören zu den unmittelbaren, gewissermaßen hautnahen Begleitern eines Politikers. Sie wollen, sie müssen dabei sein, wenn etwas geschieht, etwas gesagt oder getan wird. Sie sind – wenn man so will – das Auge all derer, die nicht selbst an den Ereignissen in Stadt und Land teilnehmen können.

Wenn ein Staatsgast erwartet wird, ein Grundstein gelegt, eine Ehrung verliehen oder im Parlament ein Senator gewählt und vereidigt wird oder was auch sonst geschieht, sie warten mit filmbereiter Kamera oder schußbereitem Fotoapparat. Und wenn dann das geschieht, worauf sie gewartet haben, dann blitzt und klickt, dann summt und brummt es, dann wird gedrängt und geschubst, dann klettern sie auf Stühle und Tische, auf Bänke und Zäune, um nur ja den entscheidenden Händedruck, das Ereignis festzuhalten.

Aber nicht selten geschieht es, daß das Licht, der Blitz nicht funktionierte oder die Position des Fotografen nicht gut genug war. Dann heißt es, das Ganze noch einmal. So wird der Orden erneut umgelegt, die Urkunde wiederum überreicht oder der Händedruck wiederholt, bis schließlich die Kamera und ihr Akteur zufrieden sind. Der Zuschauer, der Bildbetrachter später ahnt oft nicht, daß es erst der dritte Händedruck ist, den er zu sehen bekommt.

Nicht immer läßt sich das Ereignis wiederholen, wenn z. B. auf einem Parteitag ein Amt neu besetzt werden soll und mehrere Kandidaten zur Wahl stehen, dann müssen die Filmer und Knipser spüren, wer denn wohl das Rennen machen wird, um rechtzeitig vor dem »richtigen« Mann in guter Position zu sein. Wehe, wenn es der andere wird, dann gibt es ein Rennen, ein Stoßen und Stolpern, um nicht zu spät und am falschen Platz zu sein. Für den unterlegenen Kandidaten kommt zum Verlust der Wahl dann noch die Erkenntnis dazu, wie kurzlebig öffentlicher Glanz oft sein kann.

Gerade die Fotografen sind es, die oft mehr Einfluß auf das öffentliche Bild eines Politikers haben, als er selbst und auch die Öffentlichkeit ahnen. Der Fotojournalist hat es in der Hand, eine Person, ein Ereignis, ein Gesicht vorteilhaft oder aber auch nicht festzuhalten. Welcher Politiker, der nicht einmal am Haar kratzt oder sich über die Nase fährt oder ganz einfach müde oder wenig fotogen steht oder sitzt. Eh' er's bemerkt, ist er abgelichtet.

So sammeln sich in den Archiven der Fotografen und der Redaktionen Bilder jeglicher Art, aber auch jeglicher Schönheit wie Schrecklichkeit. Passend zu jedem Ereignis steht das geeignete – oder auch nicht – Foto zur Auswahl.

Mit mir ging dies einmal so weit, daß ich dem Publikum einer Zeitung, mit einem Schlachterkittel angetan, als Mediziner vorgestellt wurde, das war so:

Ich besuchte den Schlachthof in Hamburg, dessen tierärztliche Versorgung zur Zuständigkeit der Gesundheitsbehörde gehörte. Da es dort naß und zuweilen blutig zu sein pflegt, erhielt ich, wie auch meine Begleitung, einen weißen Kittel und dazu passende Gummischuhe. So angetan, besichtigten wir die Anlagen und wurden von uns begleitenden Journalisten abgelichtet.

Wochen später bat mich der für die kirchliche Öffentlichkeitsarbeit zuständige Pastor um einen Artikel über Hamburgs Krankenhäuser. Er bekam und druckte ihn. Nicht wenig überrascht sah ich mein Foto inmitten des Druckwerks. Angetan mit jenem Schlachterkittel wurde ich den Lesern vorgestellt, damit diese mit dem Gesundheitssenator das gewohnte weiße Bild ihres Arztes verbinden sollten.

Was wäre Politik ohne Humor?

Oft mußte ich nach Berlin. Dort tagte der Wissenschaftsrat, dem ich für Hamburg und für die Finanzminister und -senatoren der Länder angehörte. Dort tagte auch der Stiftungsrat der Stiftung Preußischer Kulturbesitz, in dem ich ebenfalls die Finanzbelange vertrat. Ich bin immer gern nach Berlin gereist, nicht zuletzt auch, weil ich abends gerne ein bißchen über den Ku'damm bummeln oder auch ins Kino gehen konnte. Nirgendwo in Deutschland gibt es auf so engem Raum so viele Filmtheater und so viele neue und aktuelle Filme gleichzeitig zu sehen. Außerdem kannte man mich nicht, und so konnte ich ungestört auf der Straße, wenn ich Lust hatte, ein Eis oder auch ein Würstchen essen. Aber dies eben brachte mich auch einmal in Verlegenheit:

Ich hatte Appetit auf eine Curry-Wurst, fand eine Imbißstube und bestellte, wonach mir war. Sie duftete herzhaft und ich wollte zulangen und die Bestellte verzehren. Aber ehe ich mich versah, war sie wieder weggezogen: »Nee, erst die Piepen!« hörte ich klar und berlinerisch den Verkäufer sagen. Also das Geld aus der Tasche geholt, um jeden aufkommenden Verdacht, etwa ein Zechpreller sein zu wollen, im Keime zu ersticken. Dann konnte ich essen. Plötzlich, neben mir, eine freundliche Stimme: »Na, schmeckt sie, Herr Senator?« Es war, wie sich herausstellte, ein Mann, der mich aus Hamburg kannte. Aber zunächst waren zwei verlegen, ich und der Würstchenverkäufer, den ich sagen hörte: »Senator sind Sie? Dann entschuldigen Sie man wegen vorhin. Sie hätten ja sicher auch hinterher bezahlt, aber wie soll man das wissen, man kann es ja nicht sehen!«

Unsere Hamburger Staatstheater sind uns lieb – und auch teuer! Nicht nur das Personal, die Ausstattung, die Phantasie und die Launen der Regie kosten Geld, manchmal viel Geld. Auch Mobiliar und anderes Interieur bedürfen zuweilen der Erneuerung. So erfuhr ich eines Tages, daß das Thalia-Theater und sein Intendant Boy Gobert unter der Zerschlissenheit des Bühnenvorhanges arg zu leiden hatten. Ein neuer sei nötig und ich müsse das Geld bewilligen. Bald danach war Premiere. Es war eine angenehme Premiere, die ihren Preis wert war und nicht eine Zumutung, wie etwa die Premiere des Stückes »Der Irre« von Bond; allerdings wollte ich nicht nur das Spiel, sondern auch den Vorhang sehen, um über die Kosten einer Erneuerung entscheiden zu können. Ich fand einen guten, nicht zerschlissenen und daher, wie ich meinte, noch durchaus brauchbaren Vorhang. Das schrieb ich dem geschätzten Intendanten. Wenige Tage später erhielt ich seine Antwort und mit ihr ein Stück Stoff, mürbe, durchlöchert und offensichtlich ein Produkt eher des Lumpenhandels denn des Hamburger Theaterlebens. Ich erfuhr, daß ich ja doch den neuen Vorhang im Theater gesehen hätte. Der alte – siehe das Muster – sei bereits ersetzt worden. Ich sollte nur das Geld zur Bezahlung der Rechnung bewilligen. Alles andere sei bereits erledigt! Ja, Künstler sind sie, die Mimen und dies nicht nur auf der Bühne.

Sogar in der Bürgerschaft wurde manchmal gelacht: Ingrid, meine Frau – auch sie war Bürgerschaftsabgeordnete – hatte sich besonders den kulturellen Sektor der Politik vorgenommen, und so konnte es nicht ausbleiben, daß sie 1977 in der Haushaltsdebatte für diesen Bereich für unsere Fraktion zu sprechen hatte. Damals ging es unter anderem um die Kosten des Operettenhauses und seiner Erneuerung. Meines Amtes war es, hier die kulturellen Bäume und Träume nicht in den Himmel wachsen zu lassen, aber die Kulturpolitiker sahen das manchmal etwas anders. Und so sagte Ingrid in der Debatte klar und deutlich: »Wir hoffen sehr, daß in absehbarer Zeit wieder ein Operettenhaus in Hamburg spielen wird.« (Maja Stadler-Euler, FDP: »Da müssen Sie einmal mit Ihrem Mann sprechen!«) – »Entschuldigen Sie, Frau Stadler-Euler, mein Mann hat in diesem Punkte wohl, was mich angeht, keine Bedeutung.« (Lachen bei der FDP und der CDU.) »Er ist für die Finanzen zuständig.« Ja, so schwankt die eigene Bedeutung in der eigenen Familie, wenn es um die Kultur geht.

Sehr viel später, ich war schon aus dem Senat ausgeschieden und saß aber noch als Abgeordneter in der Bürgerschaft, als der Senat mit einer Vorlage um die Zustimmung der Bürgerschaft zur Anhebung der Aufwandsentschädigung, u. a. für die Staatsräte, nachsuchte. Für die SPD mußte ich reden. Bei einem solchen Thema drängt sich niemand zum Rednerpult. Ich erfuhr während der Sitzung, daß Herr Lattmann für die CDU sprechen würde und dies in Gedichtform tun wollte. Man sagte mir, daß er die Sache zwar heiter, aber eben auch sehr kritisch behandeln wollte. Tut dies jemand in Versform, so erreicht er dabei, daß seine Zuhörer lachen und die Kritik hinnehmen müssen, obwohl sie eigentlich ganz anders darüber denken. Eine normale Antwort paßte hier also nicht, aber unwidersprochen durfte seine Kritik auch nicht bleiben. Also setzte ich mich auf eine Bank in der Lobby des Parlaments und versuchte nun meinerseits, eine Erwiderung auf mir zu diesem Zeitpunkt noch unbekannte Attacken in Versform zu formulieren. Das Protokoll dieses literarischen Schlagabtausches liest sich dann so:

Vizepräsident de Chapeaurouge: »Ich eröffne die Aussprache. Das Wort hat Herr Lattmann.« Lattmann, CDU: »Herr Präsident, meine sehr verehrten Damen, meine Herren! Für unsere Stellungnahme zu den beiden Drucksachen über die Spesenerhöhungen habe ich mir erlaubt, eine kleine geistige Anleihe bei Eugen Roth aufzunehmen:

Ein Mensch, der Erste Bürgermeister,
war anfangs seiner Zeit ein dreister
Verkünder großer Sparparolen,
um sich der Menge Gunst zu holen.
Der Mensch vermeldete spontan:
Wir fangen bei uns selber an.
Wenn überall Prozente steigen,
wir verzichten auf den Reigen.
Der Senat wird abgekoppelt.
Vielleicht, daß sich der Ruhm verdoppelt?
Doch als er dann den Ruhm besessen,
auf Vorschuß, hat's der Mensch vergessen
und hat stillvergnügt kassiert,
was mehr ihm Jahr für Jahr gebührt.
Der Mensch fand schließlich, ihm gemäßer,
sei ein Auto, etwa größer.
Dann blieben noch die Spesen offen.
Nun aber scheint der Mensch zu hoffen,
daß ihm die Bürgerschaft bewilligt,
was sie sich selber zugebilligt.
Zwar ist der Senat auch weiter

in punkto Geld der Spitzenreiter
und die Bürgerschaft am Ende
der deutschen Länderparlamente,
doch soll der Mensch nicht länger barmen
und nicht in seinem Amt verarmen.
Vielleicht verhilft dies Geld ein Stück
der Stadt zu besserer Politik.
Damit wir nicht am Ende lesen:
Außer Spesen nichts gewesen.«

(Große Heiterkeit und langanhaltender Beifall bei der CDU und der SPD).

Vizepräsident de Chapeaurouge: »Das Wort hat Herr Dr. Seeler.«

(Heberlein, SPD: »Jetzt macht er das auch in Versen!«)

Dr. Hans-Joachim Seeler: »Herr Präsident, meine Damen und Herren!

Humor ist, wenn man trotzdem lacht,
und deswegen habe ich eine Anleihe bei mir gemacht:
Dichten kann der Lattmann gut,
und ihm fehlt auch nicht der Mut,
mit gezielten Versen zu glossieren,
kann man dann doch schlecht parieren.
Doch vermerkt sei, daß am Ende
alles sich zum Guten wende.
Niemand reizt es, nein zu sagen,
nicht einmal danach zu fragen,
ob der hohe Aufwand auch begründet.
Er ist's. Dies sei hiermit verkündet.«

(Große Heiterkeit und langanhaltender Beifall bei der SPD und CDU.)

Es gab auch manchmal Vergnügliches, was gar nicht so gemeint war. Eines Tages meldete sich bei mir hoher Besuch an, ein bekannter Fußballspieler und ein Schlachtermeister wollten den Gesundheitssenator sprechen. Man kam schnell zur Sache. Ein Universalgewürz, kurz Uni-Würz genannt, hatte mein Besucher, der Schlachtermeister, entwickelt und produzierte es nun in großen Mengen. Im Grunde war sein Rezept ganz einfach; er hatte schlicht alle bekannten und möglichen Gewürze zusammengetan, so daß das richtige Geschmacksmuster für Suppen, Saucen, Gemüse und so weiter auf jeden Fall dabei war. Also gewissermaßen ein narrensicheres Gewürz für ungelerntes Küchenpersonal. Ich sollte es sogleich, und zwar sackweise, für die Krankenhäuser der Stadt bestellen. Gottlob fiel mir rechtzeitig ein, daß ja derartiges von den Krankenhäusern selbst und nicht von der Gesundheitsbehörde geordert würde. So konnte ich höflich bleiben und die beiden tüchtigen Geschäftsleute an die Wirtschaftsverwaltungen unserer Krankenhäuser weiterverweisen.

Einige Tage darauf erhielt ich von jenem Schlachtermeister noch einen persönlichen Brief, in dem er mir die Vorzüge seines Gewürzes anpries. Er schrieb: »23 Jahre haben wir das Gewürz ausprobiert, das der Gesunderhaltung der Menschheit dienen soll. Wir haben die Versuche unter Leitung eines Professors und eines Arztes an Schweinen durchgeführt.« Diese Schweine, so schrieb er weiter, sollte ich mir persönlich einmal ansehen. Sie sähen aus wie die reinsten Marzipanschweinchen. Und dann beschrieb er sein Gewürz: »Uni-Würz besteht aus 12 Edelgewürzen. Es ist wirklich ein Gewürz, das zu allen Speisen verwendet werden kann und der Menschheit zum Wohle dient.« Ich habe nie erfahren, ob man in Hamburgs Krankenhäusern seither alles uni-gewürzt serviert.

Aber es kam auch sonst so manches auf meine verschiedenen Schreibtische. So erhielt ich einmal eine Einladung

»zur Teilnahme an einer öffentlichen Ausrufung der permanenten moralischen Weltrevolution«. Umrahmt sollte diese Veranstaltung sein von Beethovens »Neunter« und einem kleinen Imbiß. In einem Prospekt wurde mir dazu verkündet: »Der dritte Weltkrieg kommt!« Rußland spiele die Rolle von Magog, so erfuhr ich aus diesem Prospekt. Der Bibel sei außerdem zu entnehmen, daß das Ende der Zeit bevorstehe, belehrte mich weiteres Lesen.

Auch andere, manchmal anonyme Schreiben sollten mein Interesse wecken. So wurde mir vorgeworfen, daß ich »die Diktatur der Zinseintreiber eingerichtet hätte«. Und dann wurde ich belehrt: »Die mathematisch-kybernetische Feldtheorie sei der einzige Weg, der aus der Sackgasse herausführe.« Nun ja, vielleicht hat dieser Mann recht, aber verstehen muß man es zuvor.

Ein Mann schrieb mir eines Tages lang und wirr, daß er mich des Verfassungsbruchs anklage. Meine Schuld seien die Menschenrechtsverletzungen, wie Mord und Totschlag. Auch seien ich und meinesgleichen die wahrhaft Schuldigen für die Toten des Zweiten Weltkrieges und viel Schlimmes sonst hätte ich zu verantworten. Leider erfuhr ich nicht, was ich denn nun getan haben sollte. Am Ende hieß es nur: »Das Ultimatum ist abgelaufen, heute 22 Uhr!« Dabei blieb es dann.

Ich bekam aber auch zweimal Post von ›Fiete aus Hamburg‹. Er beklagte, daß zu viele Frauen als Doppelverdiener in den Behörden arbeiteten, und zwar nur »fürs Auto«. Andere Frauen »gehen Stempeln und werden gegen die Behörden aufsässig weil die Doppelverdiener in den Behörden sitzen, daß ist die Ungerechtigkeit«. Dies alles schrieb Fiete in deutscher Schrift und richtete es an den »höchsten Finanzbeamten, Hier in der Finanzbehörde«. Leider hat Fiete keine Anschrift mitgeteilt, so daß dieser und ein weiterer Brief von ihm unerwidert in die Akten wandern mußten.

Eines Tages brachte die Post mir einen dicken Umschlag, der einen Stoß Fotokopien von Briefen an alle, die in der Welt Rang und Namen haben, enthielt: Walter Scheel, Jimmy Carter, Kurt Waldheim, Mao Tse-tung, Breschnew, Giscard, viele Professoren und natürlich auch Hamburgs Finanzsenator waren auserkoren von einem Dr. rer. nat. Wienhard W., »das empirische vorläufige Massendiagramm« zu erhalten. Ich erfuhr, daß zu jeder Massensorte eine Statistik-Achse und eine Feinstruktur-Achse gehöre. Dieses Diagramm sei nützlich für die Analogieanalyse und verhelfe zu besserem Verständnis der Physik. Für die Entgegennahme des Diagramms erhielt Walter Scheel, wie ich lesen konnte, DM 50,– angewiesen. Carter und Giscard bekamen jedoch nur DM 25,–, wohl eine Frage des Wechselkurses. Ich jedenfalls wußte nun auch Bescheid, erhielt aber für die Entgegennahme nichts angewiesen.

»Spielcasino und Sauna in der Oper.« So war im »Abendblatt« am 2.3.1976 als Überschrift zu lesen. Las man weiter, so erfuhr man, daß die Oper Platz genug habe, um dort – als Pausenvergnügen gewissermaßen – Spielautomaten aufzustellen. Außerdem sollte eine Sauna eingerichtet werden, um Zuschauer und Künstler für die Kunstdarbietung und ihren Genuß fit zu halten. Eine Welle von Protesten erreichte den Finanzsenator. Proteste gegen den Vorschlag, die Oper attraktiv zu machen und ihre hohen Kosten etwas zu senken.

Was war geschehen: In Wandsbek, einem Stadtteil Hamburgs, hatte mein Parteikreis, wohl wissend, daß das Spielcasino eine Ergänzung durch »einarmige Banditen« erfordere, einen Vorschlag an den Landesparteitag der

SPD beschlossen, im Foyer der Hamburger Oper Platz für diese Spielautomaten zu schaffen. Dort seien Leute mit Geld und sie hätten dann in der Pause eine sinnvolle Beschäftigung. So wurde dieser Antrag begründet. Mir war dieser Vorschlag zu einseitig und berücksichtigte nicht die Interessen derjenigen Opernbesucher, die sich weniger für das Glücksspiel, dafür aber mehr für Sport und Fitnesstraining interessierten. So ergänzte ich den Antrag um die Forderung, gleichzeitig in der Oper im Keller oder wo sonst Platz zu schaffen war, eine große Familiensauna einzurichten. Damit Oper, Sport und Spiel auch kombiniert werden könnten, wurde angeregt, die gerade laufende Opernaufführung in die Sauna und in den Spielsaal über große Fernsehmonitore zu übertragen. Dies, so meinte man, sei genau die Freizeitform, die viele stark beschäftigte moderne Menschen sich wünschen würden. Für die Linken bei uns in Wandsbek blieb nur ein Problem bei ihrer Entscheidung für oder gegen diesen Antrag ungelöst, nämlich das der ausreichenden Energieversorgung für diese kombinierte Freizeiteinrichtung. Aber sie vertrauten auf die Zukunft der Sonnenenergie und stimmten zu. Zu berichten bleibt nur noch, daß die Zeitung sich veranlaßt sah, ihre Meldung zu ergänzen mit dem Hinweis, daß jener Antrag echt, aber als Spaß gemeint sei. Einige Hamburger verstehen eben auch Spaß, andere wohl nicht, jedenfalls nicht sofort.

Ich war schon fast ein Jahr Finanzsenator, als ich, ohne es zu wollen, Streit mit Hamburgs Anwälten oder genauer gesagt, mit dem von ihnen gewählten Sprecher bekam. Der Anlaß war das liebe Geld. Der Bundesrat hatte die Anwaltsgebührennovelle 1975 verabschiedet und ich war Berichterstatter für den Finanzausschuß in der Plenarsitzung des Bundesrates. Nach langem Hin und Her und nach Bildung einer Kommission, die für den Vermittlungsausschuß, den der Bundesrat angerufen hatte, einen Kompromißvorschlag erarbeitete, passierte die Gebührennovelle schließlich nicht nur den Bundestag, sondern auch den Bundesrat. Der Bundesrat und der Vermittlungsausschuß hatten die vom Bundestag beschlossenen, erheblichen Gebührenerhöhungen wieder reduziert und zum größten Teil die Vorschläge der Bundesregierung wiederhergestellt. Aber der Bundesrat hatte zusätzlich auch die Gerichtsgebühren angehoben. Insgesamt sollten die Prozeßkosten nur maßvoll ansteigen, das war das Motiv für diese Entscheidung der Länderkammer.

Natürlich war die Erhöhung ihrer Gebühren für viele Anwälte viel zu gering. Hamburgs Anwalt-Verein ließ seinen Ärger durch die spitze, aber zugleich wortgewandte Feder seines 1. Vorsitzenden im Rundschreiben Nr. 11 des Jahres 1975 freien Lauf: Seit 1969 habe es keine Gebührenerhöhung mehr gegeben, die diesen Namen wirklich verdiene, so klagte er wehmütig anno 1975. Als ob nicht durch das Steigen der Preise und damit auch der Streitwerte die Anwaltsgebühren auch ohne eine Erhöhung der Gebührentabelle ständig mitgewachsen wären!

Was jetzt herausgekommen sei, so war weiter zu lesen, sei bereits im Zeitpunkt des Inkrafttretens veraltet und überholt. Dafür seien fünf Jahre lang viele Zentner Papier zu Makulatur geworden. Aber der streitgewandte Schreiber hatte auch die Schuldigen gefunden. Ausgerechnet Hamburg, so schrieb er, habe »seine Senatoren Dr. Seeler und Steinert zu Hauptquertreibern abgerichtet!« Dieses Rundschreiben erhielt ich mehr zufällig. Es mir zu schikken, dazu fehlte dem Autor der Mut. Ich schrieb ihm und empfahl ihm zunächst einmal Thomas Mann als Lektüre und als Vorbild für einen gepflegteren Stil im Umgang mit Senatoren. Der damalige Sprecher der Hamburger Anwaltschaft war stets scharf und spitz mit seiner oft auch so freundlich wedelnden Zunge, aber als gewählter Sprecher dieses ehrwürdigen Berufsstandes mußte er sich sagen lassen, daß ein Hamburger Senator kein »abgerichteter Hauptquertreiber« ist. Sehr freundlich habe ich ihm dann den Ablauf und die Gründe dargelegt und zum Schluß noch einmal erinnert, daß sich auch der Sprecher der Anwälte in Ton und Wortwahl hanseatischer Tradition verpflichtet fühlen sollte.

Es vergingen genau acht Wochen, ehe mir ein langer Antwortbrief auf den Tisch kam. Es war ein geschriebenes Tänzeln und Wedeln mit verlegenen Freundlichkeiten und schriftstellerischer Akrobatik. Natürlich ging er auf meine Anwürfe und Argumente ein und wiederholte lang und breit mir Bekanntes und begründete erneut und sehr ausladend, warum die Gebühren der Anwälte nicht genügend erhöht worden seien und warum es unangemessen sei, an die Belastung des Staates durch die Kosten der Gerichte, die eben nicht durch Gerichtsgebühren gedeckt seien, zu erinnern.

Thomas Mann, ja, der sei Kind einer anderen Zeit. Ihn z. B. heranzuziehen, sei unpassend. Auch habe Thomas Mann sich ja nie mit Verbandsrundschreiben befassen müssen. Wenn, dann hätte es wahrscheinlich keiner lesen können, und schließlich habe er zu wenig Zeit, um sich im Stile von Thomas Mann zu üben.

Mein Brief wurde in Hamburgs Justizinformationen veröffentlicht und so war der Gleichklang wiederhergestellt. Auch hinfort haben er und ich einander freundlich gegrüßt, wann immer wir uns sahen. Was er von mir dachte, wird wohl spitzzüngig und zuweilen kaum druckfähig gewesen sein, aber Gedanken sind gottlob ja immer noch frei.

Das Reisen ist – nur manchmal – des Politikers Lust

In Bonn hat jedes Bundesland seine »Botschaft«. Auch Hamburg besitzt eine repräsentative Villa auf einem schönen großen Grundstück an der Kurt-Schumacher-Straße. Es ist ein Doppelhaus, gebaut um die Jahrhundertwende, mit großen Räumen. Im Obergeschoß gab es bis Ende der 70er Jahre eine Reihe von Gästezimmern. Der Bürgermeister hatte sogar eine kleine Wohnung. Unvergessen ist meine erste Übernachtung in einem dieser Gästezimmer. Neben einem Tisch, einem Stuhl, einem Sofa und einem Schrank fand ich in meinem Zimmer ein hölzernes Bett von der Art, wie man sie in einem gutgeführten Landgasthof vorfindet. Vorne und hinten eine große Holzwand, eine kräftige Matratze, ein Federbett und das Ganze weiß bezogen. Ich ging zu Bett und wunderte mich ein wenig, auf einer etwas schiefen Matratze zu liegen, dachte mir dann aber, daß dies wohl an der Besonderheit des schönen alten Holzbettes liegen würde und schlief ein. In der Nacht träumte ich von alpinen Wanderungen, steilen Felshängen und schließlich davon, daß ich auf einer Wiese sitze und zu meinem Schrecken die Wiese immer steiler und steiler wird und ich auf dem Hosenboden dem Tale zurutschte. Am Ende sauste ich mit einem Donnerkrach in die Tiefe. Ich wachte auf, es war dunkel und ich fand mich zwischen all den Planken eines auseinandergebrochenen Bettes wieder. Die Matratze lag schräg, noch zur Hälfte gehalten von einem Teil des Rahmens. Halb vier Uhr morgens war es, als ich aufstand, das Bett zunächst einmal demontierte, um es dann richtig und vollständig wieder zusammenzusetzen. Ein gutes Frühstück am Morgen entschädigte mich für die Mißhelligkeiten dieser Nacht.

Heute kann so etwas nicht mehr passieren. Die Hamburg-Vertretung hat sich ein modern ausgestattetes Gästehaus zugelegt und eingerichtet. Jedes Zimmer hat seinen eigenen Baderaum mit allen erdenklichen und kostspieligen Schikanen versehen. Nur die Zahnbecher erfüllen ihren Zweck nicht; sie sind klein und flach und nicht in der Lage, eine Zahnbürste in richtiger Haltung zu beherbergen. Aber das mag dem Innenarchitekten auch egal gewesen sein, Hauptsache, sie sind chic.

Außer in Bonn bedeuten Dienstreisen aber stets auch Übernachtungen in Hotelzimmern.

Schon der Eintritt in die Hotelhalle kann das Gefühl vermitteln, hier fühlst du dich wohl oder aber auch, hier ist es kühl, hier wird nur an dir verdient. Besser kann es einem ergehen, wenn man als Stammgast in einem Hotel registriert ist. Dann spart man das lästige Ausfüllen der Anmeldeformulare und wird vielleicht sogar mit einem freundlichen »Guten Tag, wieder einmal in Berlin?« begrüßt, und dann findet man auch auf dem Zimmer eine Schale mit frischem Obst, als ob der Manager dieses Hotels wüßte, wie angenehm man damit einem Gast auch in einem bescheidenen Zimmer das Leben in der fremden Stadt gestalten kann.

Ja, die Hotelzimmer! Alle, fast alle, sind muffig, wenn man sie betritt. Die Fenster sind geschlossen, die Zimmer oft nicht einmal beim Reinemachen gelüftet. Man riecht so richtig den Staub vieler Gäste. Manche Zimmer sind groß, manche winzig klein, kaum daß ein Bett, ein Tisch, ein Stuhl, von einem Schrank gar nicht zu reden, darin Platz findet.

Auch die Betten sind vielgestaltig. Nur selten findet man ein Kopfkissen, auf dem zu ruhen uneingeschränkt Freude macht. Oft sind es kleine Säcke, die mit Sägemehl gefüllt zu sein scheinen, manchmal spürt man Kunststoffbällchen unter dem Kopf. Ob sommers oder winters, ob warm oder kalt, als Zudecke gibt es mehr oder weniger dünne Wolldecken, manchmal Steppdecken, selten aber mehr.

Die Größe und Ausstattung der Zimmer ist keineswegs, wie der Leser nun denken mag, nur eine Frage des Preises. Gewiß, wenn ich viel zahle, habe ich ein Fernsehgerät im Zimmer, das aber zuweilen nicht oder nur unvollständig funktioniert. Zahle ich noch mehr, habe ich ein Appartement, das heißt, einen Raum zum Schlafen und einen zum Wohnen, Lesen und Schreiben.

Etwas Besonderes ist es heute nicht mehr, wenn das Zimmer mit einem Bad, mindestens mit einer Dusche, einem Klo und natürlich einem eigenem Waschbecken ausgestattet ist. Aber die Bäder eines Hotels und ihr Wasserrauschen können auch eine Quelle der Störung, ja können auch so schlimm sein, daß sich der Schlaf mehr zur Qual als zur Erholung entwickelt. Es ist schon eine hohe Anforderung an die Stabilität der Nerven, wenn man in der Nacht im Bett zu schlafen versucht und irgendwo mit Zischen und Plätschern über oder neben dem dahindämmernden Gast gebadet, gewaschen oder sonst etwas Wasserverbrauchendes geschieht. Einmal, so erinnere ich mich, war die Quelle dieser Störung in meinem eigenen Badegemach. Der Klo-Wasserkasten lief und lief und lief und störte und störte und störte mich. Irgendwann in der

Nacht bin ich dann aufgestanden und habe mich daran gemacht, den verklemmten Schwimmer in diesem Kasten zu reparieren!

Allen Hotelverwaltern, Besitzern und solchen, die als Architekten ein Hotel bauen, sei mahnend vermerkt, sie sollten einmal in ihrem eigenen Hotel schlafen, um zu sehen, wo vor allem Verbesserungen nötig sind.

Wer oft und jahrelang in fremden Betten zu schlafen gewohnt, ja verpflichtet war, der kann zuweilen dies und das erleben. Mir widerfuhr es einmal in Berlin, daß ich in Eile mein Hotel erreichte, mein Gepäck in der Rezeption deponierte, mich eintrug und erfuhr, welches Zimmer mir zugewiesen war, dann aber zu meiner Sitzung eilte. Als ich am Abend spät kam, mein Gepäck nahm und, mit meinem Zimmerschlüssel bewaffnet, der Nachtruhe zustrebte, war ich sehr verwundert, in meinem Zimmer von schnarchenden Geräuschen überrascht zu werden. In der Tat, es lag – jedoch nur – ein Mann in meinem Bett und schlief, und das ganze Zimmer gab Zeugnis davon, daß ein anderer sich hier häuslich einquartiert hatte. Also zurück zur Rezeption. Dort aber wachte nur der Nachtportier, der natürlich von nichts eine Ahnung hatte. Es dauerte eine Weile und kostete Mühe, herauszufinden, welches denn nun mein Zimmer sein sollte, und da wir miteinander nur an den Schlüsseln, die noch nicht abgeholt waren, ermitteln konnten, welche Zimmer frei waren, fand ich mich schließlich für diese Nacht in einem sehr üppig und großzügig eingerichteten, mehr einem Salon denn einem Hotelzimmer ähnelndem Appartement wieder. Was tat's, geschlafen habe ich auch hier, so recht und schlecht, wie eben immer in einem Hotel.

Peinlicher schon ist es, wenn man – und dies geschah auch in Berlin – mitten beim Duschen, so richtig wohlig eingeseift, feststellen muß, daß das Wasser versiegt und trotz aller Bemühungen und allen Drehens an den Hähnen nicht wiederkommt. Schaumbedeckt zum Telefon geeilt, versuchte ich, bei der Rezeption zu erfragen, was denn sei und erfuhr, daß eine Reparatur leider notwendig und für längere Frist mit Wasser nicht zu rechnen wäre. Was tun in einer solchen Lage? Das Handtuch nehmen und, statt die Seife mit Wasser zu entfernen, den Schaum mit einem Handtuch abwischen. Ich muß den ganzen Tag nach wohlriechender parfümierter Seife geduftet haben, jedenfalls fragten mich während der Sitzung Kollegen, welches Parfüm ich denn benutzt hätte.

Schwieriger wird es, wenn man, wie es früher noch üblich war, seine Schuhe zum Putzen vor die Tür stellen konnte, am Morgen aber andere, nicht passende vorfindet und keine Ersatzschuhe bei sich hat. Alles Suchen war vergeblich. Irgendein anderer Gast hatte meine Schuhe in Besitz genommen und offenbar auch festgestellt, daß sie ihm nicht paßten. Er aber mußte Ersatzschuhe gehabt haben! So blieb mir nur eines; mit Hausschuhen bewaffnet, die ich Gott sei Dank bei mir hatte, in der Nähe einen Schuhladen aufzusuchen und ein Paar neue Schuhe zu erwerben, um auf diese Weise wenigstens beschuht meinen Amtspflichten nachkommen zu können. Schließlich kann es peinlich werden, wenn man in Eile sein Hotelzimmer bezieht, die Zimmernummer genannt bekommt, wieder davonstrebt, den Schlüssel abgibt und abends nach heiterer Abendrunde, beschwingt von den Wirkungen des Alkohols, im Hotel ankommt, nun aber nicht mehr ahnt, wie doch die Nummer des Zimmers war. Auch hier war es wieder der Nachtportier, der natürlich nicht wußte, welches Zimmer man mir zugewiesen. Was blieb? Wir gingen die Schlüssel durch, die noch übrig waren. Nach mühevollen Versuchen kam endlich der Funke der Erinnerung und mit dem richtigen Schlüssel bewaffnet, erreichte ich das richtige Bett.

Dienstliche Pflichten haben nicht nur Dienstreisen nach Bonn oder Berlin oder in andere Teile der Bundesrepublik zur Folge, sondern manchmal – wenn auch relativ selten – gehört auch eine Auslandsreise zu diesen Aufgaben.

Eine dieser interessanten Auslandsreisen führte mich im Spätherbst 1971 nach Westafrika. Man muß wissen, daß zur Gesundheitsbehörde unter anderem auch das Bernhard-Nocht-Institut mit seinem Tropenkrankenhaus gehört. Dies ist ein weit über die Grenzen Hamburgs und der Bundesrepublik hinaus bekanntes und anerkanntes Zentrum zur Erforschung und Behandlung von Tropenkrankheiten. Aber die Wissenschaftler brauchen für ihre Arbeit Forschungsmöglichkeiten in den Tropen selbst. Früher, vor dem Ersten Weltkrieg, boten die deutschen Kolonien ihnen die notwendigen Möglichkeiten. Der Zweite Weltkrieg aber hatte alles zerstört, was nach 1918 mühsam wieder aufgebaut worden war. Es waren viele Jahre vergangen, ehe man die Möglichkeit fand, im tropischen Afrika, und zwar in Liberia erneut eine Außenstelle zu schaffen. Dort hatte man in enger Zusammenarbeit mit der Bong-Mining-Company eine kleine Forschungsstation mit angeschlossener Behandlungsmöglichkeit gebaut. Nach langen und mühsamen Verhandlungen war mit der Regierung der Republik Liberia ein Abkommen ausgehandelt worden, mit dem Hamburg und Liberia alle Einzelheiten und Bedingungen dieser Außenstation regeln wollten. Es war eine der seltenen Möglichkeiten für ein Bundesland – mit Zustimmung der Bundesregierung – mit einem ausländischen Staat einen völkerrechtlichen Vertrag zu schließen. Diesen Vertrag wollte ich in Monrovia zusammen mit dem Gesundheitsminister Liberias unterzeichnen und bei dieser Gelegenheit die Außenstelle offiziell einweihen. Sogar der damalige Präsident der Republik Liberia, William Tolbert, hatte sein Kommen zu dieser Einweihung angekündigt.

Unsere Reise begann an einem Sonnabend, dem 27. November 1971. In Hamburg waren es einige Grade unter Null. Wir, das waren meine Frau, die auf eigene Kosten mitgefahren war, dann der Präsident der Gesundheitsbehörde, Dr. Zylmann, und der Leiter des Tropeninstituts, Prof. Dr. Schumacher, wir also flogen von Hamburg nach Zürich und von dort in einem viele Stunden dauernden Flug über die Sahara nach Abidjan, der Hauptstadt der Republik Elfenbeinküste. Es war ein herrlicher Flug. Zunächst über die verschneiten Alpen, dann entlang der Rhone, dann über das Mittelmeer und über die in ihren Farben kaum zu schildernde Pracht der großen Sahara. Als es Abend wurde, sah man vom Flugzeug aus hier und da die Feuer in den Dörfern, aber wir überflogen auch ein tropisches Gewitter, dessen Gewalt man an den mächtigen Blitzen erahnen konnte, die unter uns und manchmal neben uns aufleuchteten. Nach kurzer Zwischenlandung in Abidjan erreichten wir Monrovia. Eine feuchtwarme Tropenluft schlug uns entgegen und helle Kamerascheinwerfer strahlten uns an. Das liberianische Fernsehen erwartete uns. Wir wurden vom deutschen Botschafter und seiner Frau herzlich begrüßt und gut untergebracht in der Nobelherberge der liberianischen Hauptstadt Monrovia. Besuche, Gespräche, Besichtigungen, das war das Programm des ersten Tages und alles schien so zu verlaufen, wie es schon von Hamburg aus verabredet und organisiert worden war. Der Termin für die Vertragsunterzeichnung war festgesetzt und auch der Ablauf der Einweihung im einzelnen bestimmt. Dann aber starb ganz plötzlich die Tochter des Präsidenten, wie man sagte, an einer mißglückten Abtreibung. Und fortan geschah im Lande überhaupt nichts mehr, alles wurde abgesagt, der Staat fand nicht mehr statt! Wir warteten!

Abenteuerliche Gerüchte durchschwirrten das Land. Es war nämlich seit vielen Jahren das erste Mal auch wieder ein Todesurteil vollstreckt worden. Der Vorgänger des Präsidenten, Tubman, hatte Todesurteile stets im Gnadenwege in lebenslängliche Haft umgewandelt. Jetzt war ein Mann, der ebenfalls wie der neue Präsident, William Tolbert hieß – und wie die Zeitungen ausdrücklich vermerkten: »Not the President« – wegen Mordes an einem Bischof zum Tode verurteilt und hingerichtet worden. Überall im Lande war der Tod der Tochter des Präsidenten als Rache der Geister gesehen worden, zumal der Präsident Tolbert noch nicht einmal in sein neues Amt eingeführt und vereidigt worden war. Man flüsterte, und diese Gerüchte drangen auch in die Diplomatenquartiere, daß die Frau des Präsidenten, mit dem Kopf des Hingerichteten in ihrem Gepäck, durch das Land zu den Stämmen und ihren Häuptlingen gereist war, um in Zauberriten die aufgebrachte Geisterwelt zu besänftigen.

Wir aber warteten, denn Geduld muß man haben in diesen Ländern. Botschafter Neubert bemühte sich rührend um uns und tat alles, um die staatlichen Stellen an meinen Besuch und seinen Zweck immer wieder zu erinnern. Er sorgte dafür – und bezahlte dafür – daß in der bedeutendsten Zeitung der Stadt, dem »Liberian Star«, ein Artikel über meinen Besuch erschien. Er sprach auch im Gesundheitsministerium vor, aber es tat sich nichts. Schließlich entschlossen wir uns, etwas Ungewöhnliches zu tun. Ich begleitete den Botschafter, ohne eingeladen worden zu sein, zum Kondolenzempfang, den der Präsident für das

Diplomatische Corps gab. Zusammen mit den zahlreichen Diplomaten wartete ich in einem Raum im Gästehaus des Präsidenten. Dann ging es im Gänsemarsch, natürlich nach Anciennität geordnet, in des Präsidenten Bleibe, die eher einem Farmhaus im Süden der USA als dem Amtssitz eines Staatspräsidenten glich. Wir wurden in eben diesem Gänsemarsch am Sarge der Verstorbenen vorbeigeführt. Unter Glas lag sie da, die Tochter des Präsidenten, von Blumen und Kränzen umgeben. Danach ging es in das Obergeschoß des Hauses, wo wir dem Präsidenten und seiner Frau höflich-ernste Worte der Kondolenz übermittelten. Alle, die wir dann im Halbrund dastanden, waren dunkel gekleidet, nur des Präsidenten Bruder stand da mit einem hellen, leuchtenden blauen Rollkragenpullover angetan. So wollte er, wie man hier sagte, sein Desinteresse an den Ereignissen der Familie seines Bruders kundtun. Wir tranken Orangensaft und plauderten miteinander, über uns ein Propeller leise vor sich her brummelnd und mehr Kühlung versprechend als tatsächlich bewirkend.

Aber auch dieses Unternehmen brachte keine Reaktion. So fuhren wir dann, ohne die Unterschrift unter den Vertrag gesetzt zu haben, nach Norden, um die Außenstelle des Tropeninstituts zu besuchen und zugleich auch die eindrucksvollen Anlagen der Bong-Mining-Company kennenzulernen. Diese Gesellschaft fördert das reichlich vorhandene Eisenerz und verarbeitet es vor Ort zu sogenannten ›pellets‹, kleinen Kugeln, in denen das Erz in größerer Konzentration angereichert ist, um auf diese Weise die Transportkosten zu verbilligen.

Da die feierliche Einweihung nicht stattfinden konnte, beschlossen wir, einen Ausflug in den Urwald zu machen. Es war heiß und feucht, alles klebte und rostete, sogar die

Metallösen an unseren Schuhen. Mit einem Geländewagen fuhren wir auf einer Piste durch den Wald.

Trotz aller Schaukelei genossen wir diese Fahrt, denn der Fahrtwind war die einzige Kühlung, die es an diesem Tage gab. Wir kamen am Ende dieser Fahrt in ein Dorf an einem Fluß, aber bevor es weiterging, machten wir erst einen Besuch beim Dorf-Chief, dem Stammesältesten. Ein kleines Palaver im Dorfhaus über Woher und Wohin gehörte zu diesem Besuchsritual, das wir später noch häufiger kennenlernen sollten. Welche Überraschung aber, als wir an der Wand dieses Dorfhauses zwei große, etwas verblichene Fotografien fanden, auf denen unser früherer Bundespräsident Lübke und der inzwischen auch verstorbene liberianische Präsident Tubman zu sehen waren. An den Besuch Heinrich Lübkes hier im tiefen Urwald erinnerte man sich noch gern. Mit seinen weißen Haaren und seiner ruhigen Art war er für die Afrikaner genau das, was sie unter einem weisen Mann verstehen.

Am Fluß, der trübe braun-grau dahinzog, warteten drei schmale Kanus, aus ausgehöhlten Baumstämmen gemacht, darauf, uns an das andere Ufer zu bringen. Jede Bewegung im Boot brachte dieses zum Schlingern und jedesmal drohte es umzukippen. Also hockten wir ganz still in der Art der Eingeborenen, nicht zuletzt auch, weil es, wie man so sagte, viele Krokodile in diesem Fluß geben sollte. Am anderen Ufer war der Wald dichter, und wir zogen auf einem schmalen Pfad zum nächsten Dorf. Auf dem Wege dorthin mußten wir auf einer geflochtenen Hängebrücke eine sumpfige Bachniederung überqueren. Schlingernd und schaukelnd und mit Bedacht Fuß vor Fuß, gesetzt, erreichten wir das andere Ende dieser Brücke. Und wieder kam ein Dorf und wieder machten wir dem Dorf-Chief unseren Besuch. Er saß dick und behäbig zwischen einigen

Dorfschönen, die vor sich hinschwätzten. Hühner und Ziegen, Kinder und anderes Leben sorgten für Lärm und Lebendigkeit. Man hockte in der Art der Afrikaner – übrigens ist dieses Hocken bequemer als man so meint, wenn man es noch nicht kennt – und man palaverte über dies und das und wünschte sich im stillen einen erfrischenden Luftzug. Als Erfrischung brachte man uns grüne Apfelsinen. Sie wurden nicht gegessen, sondern mit einem Messer wurde eine runde Kappe abgeschnitten und ein kegelförmiger Keil des Fleisches herausgeschnitten, so daß man nun mit der Hand die Apfelsine auspressen und aus der Öffnung den Saft trinken konnte.

Zurück ging es auf ähnlichem Wege, immer begleitet von dem Gezirpe und Gekreische, dem eher nach Gackern und Lachen klingenden Schreien des Urwalds.

Am Nachmittag dieses Tages weihte ich dann die Außenstelle unseres Tropeninstitutes ein, ohne das prunkvolle Programm, das eigentlich für dieses Ereignis vorbereitet war. Eine festliche Einweihung sollte jedenfalls erfolgen, und zwar ohne Rücksicht darauf, ob die Liberianer von meinem Besuch Kenntnis nahmen und ob der Vertrag unterschrieben würde oder eben nicht. Schon um die Freude der Mitarbeiter nicht zu enttäuschen, war dies nötig. Ich hielt eine kleine Ansprache an die Mitarbeiter und verlieh ihnen feierlich die Dienstbrosche der Hamburger Gesundheitsbehörde. Ein Rundgang, und hier und da, nach afrikanischem Brauch ein Palaver, beendeten diese Einweihung unserer Außenstelle.

Am Abend waren wir Gast bei Dr. Brinkmann, dem Leiter dieser Station. Er hatte auch einige unserer afrikanischen Mitarbeiter eingeladen und so ergab sich die Möglichkeit, ganz offen über die Lage zu sprechen. Ich machte keinen Hehl daraus, daß ich es doch etwas merkwürdig fände, so völlig übergangen zu werden von den offiziellen Stellen Liberias. So sehr ich auch Verständnis für die Haltung des Präsidenten hätte, aber daß dies den Gesundheitsminister daran hindern sollte, einen lange vorbereiteten Vertrag zu unterzeichnen, dies verstünde ich nicht.

Später erfuhren wir, daß einige der afrikanischen Gäste einflußreiche Stammesfreunde des Gesundheitsministers waren. Noch in der Nacht, so hörten wir, waren sie nach Monrovia gefahren, um mit ihren Leuten zu reden und um jedenfalls die Unterzeichnung des Vertrages zu ermöglichen, denn sie hatten wohl gespürt, daß es für die weitere Zusammenarbeit, die auch im Interesse Liberias und der Gesundheit der Menschen dort lag, wenig hilfreich sein würde, wenn ich unverrichteter Dinge wieder abreisen würde. Aber zunächst ruhte der Staat weiter in Trauer um des Präsidenten Tochter.

Uns blieben noch zwei Tage, denn, so war es meine feste Absicht, ich wollte unseren Zeitplan einhalten und dieser sah vor, daß wir am Freitag, den 3. Dezember nach Togo weiterreisen sollten. Auch war ich entschlossen, unsere Gastgeschenke, unter anderem einen modernen Operationstisch, dann wieder mitzunehmen.

Am nächsten Tag war der Besuch einer Kautschukpflanzung der African Fruit Company im Ostteil des Landes vorgesehen. Dorthin flogen wir mit einem gecharterten kleinen Flugzeug. Auch dieser Flug war nicht ohne Abenteuer, so wie alles in Afrika seinen besonderen Reiz haben kann.

Unser Pilot, ein erfahrener Flieger, der im Krieg eine Jagdmaschine der Britischen Royal Air Force geflogen hatte, kannte unseren Zielflughafen nur ungenau und suchte mit uns im grünen Meer des Urwaldes nach der Landepiste. Schließlich fand er eine und wir landeten, stellten aber fest, daß es der falsche Flughafen war. Also mußten wir erneut starten und weitersuchen. Da aber noch kein Flugzeug für immer in der Luft geblieben war, fanden auch wir schließlich den Flugplatz der Station Biriwa und kamen glücklich wieder auf die Erde zurück. Wir wurden herzlich begrüßt, denn ein solcher Besuch ist immer für die Europäer, aber auch für die Afrikaner eine erwünschte Abwechslung im täglichen Einerlei ihrer Arbeit. Der Leiter dieser Kautschukplantage war ein liebenswürdig-eigenwilliger Mensch. Er zeigte uns zunächst in einem Käfig zwei große Gorillas, die er hielt wie andere einen Hofhund, und er sagte uns, daß seine Gorillas es liebten, jeden Tag ihre Bierrationen zu bekommen. Wir besuchten auch die Krankenstation, die mitten im Busch für die Einheimischen wahrscheinlich die einzige Alternative zu den Künsten ihrer Medizinmänner war. Die Ärzte, die dort tätig waren, hatten wahrscheinlich nur selten einen Acht-Stunden-Tag und auch ihre Arbeit war gewiß mühsam.

Sehr interessant und beeindruckend war der Besuch einer Fabrik, in der mitten im Urwald aus dem Rohkautschuk transportable Halbfertigprodukte hergestellt wurden. Am Abend, zurück in Monrovia, empfing uns Botschafter Neubert mit einer großen Überraschung. Das Gesundheitsministerium hatte ihn informiert, daß am nächsten Nachmittag die Unterzeichnung des Vertrages sein würde. Ohne jede weitere Erklärung, als ob überhaupt nichts geschehen sei, war diese Nachricht übermittelt worden. Also hatten die vielfachen Bemühungen, vor allem aber die Hilfe der afrikanischen Mitarbeiter unserer Station wohl doch Erfolg gehabt.

Die Unterzeichnung am nächsten Morgen war nicht ohne Merkwürdigkeiten. Wir fuhren in das Ministerium, eine kleine städtische Villa, und mußten zusammen mit

Bittstellern und anderen Besuchern auf den Minister warten. Schließlich wurden wir zu ihm geführt. In einem kleinen, etwas muffigen Raum, vollgehängt mit rotem Samt, saß er an seinem Tisch und begrüßte uns, begleitet von den Blitzlichtern der beiden anwesenden Fotografen. Kein Wort der Erklärung oder gar der Entschuldigung für das, was geschehen war. Also unterschrieben wir und zeichneten Seite für Seite der Vertragsexemplare mit unseren Paraphen. Ein Händedruck und ein paar freundliche Bemerkungen, das war's.

Am Abend gab der Botschafter einen Empfang und alle kamen. Der Parlamentspräsident, mehrere Minister und was sonst Rang und Namen in Stadt und Land hatte. Der Botschafter meinte, daß man hierdurch ohne viele Worte für eine versöhnliche Stimmung sorgen wollte. Und so war es auch, es wurde gelacht und getrunken und immer wieder palavert. Bei dieser Gelegenheit traf ich auch einen alten Bekannten wieder, den liberianischen Minister für Entwicklung und Tourismus. Ich hatte ihn Monate vor meinem Besuch in Liberia in Hamburg kennengelernt. Seine Freude war groß, er umarmte mich und hätte mich am liebsten mitgenommen in seinem riesigen amerikanischen Wagen, um mir – in der Nacht noch – alle seine Besitztümer zu zeigen. Die Stimmung an diesem Abend war so, daß ein unbefangener Gast nicht geglaubt hätte, in einem Lande mit Staatstrauer um die Tochter des Präsidenten zu sein.

Am nächsten Morgen reisten wir weiter nach Togo. In Accra, der Hauptstadt Ghanas, sollten uns zwei Wagen am Flugplatz abholen und weiter nach Lomé, der Hauptstadt der Republik Togo, bringen, aber so sehr wir auch Ausschau hielten, kein Wagen wartete auf uns. Mit zwei angeheuerten Taxis mußten wir den Weg nach Lomé fortsetzen. Das waren Taxis!! Alte Mercedeskarossen, die sicherlich schon weit mehr als 200000 km hinter sich hatten, aber sie fuhren, und unsere Fahrer jagten über die staubigen Pisten, als gelte es, einen Preis zu gewinnen. Erst später erfuhren wir, daß mit Sonnenuntergang die Grenze zwischen Ghana und Togo geschlossen wurde und unsere Fahrer, die dies wußten, wollten rechtzeitig mit uns die Grenze erreichen, und nicht nur dies, sie wollten auch noch wieder über die Grenze zurück, um vor Sonnenuntergang wieder in Ghana zu sein. Alles klappte und wir erreichten Lomé und unser Hotel.

Nach den Erlebnissen in Liberia verlief unser Besuch in Togo und anschließend in Ghana vergleichsweise harmlos. Wir besuchten eine Krankenstation, wir waren Gast einer Brauerei, die mitten in Afrika herrlich kühles ›Bergedorfer Bier‹ produzierte und wir fuhren bei tropischer Hitze – 38 Grad und über 90% Luftfeuchtigkeit – nach Palimée, einem großen Marktflecken in der Nähe von Missa-Höhe im Inneren des Landes. Die Residenz des früheren deutschen Gouverneurs auf Missa-Höhe war ein durchaus noch eindrucksvolles Zeugnis dieser einstigen deutschen Anwesenheit in Togo, aber noch viel bunter, ja, farbprächtiger war der Markt in Palimée selbst. Man kann sich einen solchen Markt nur vorstellen, wenn man ihn einmal gesehen hat. Alles, was das Land erzeugt, wurde dort mit lautem Geschrei feilgeboten. Früchte, Kräuter, lebende Tiere, Tontöpfe, wunderspendende Figuren und sogar, in einer Schlachterei, und dies bei, wie gesagt, 38 Grad im Schatten, frisches Fleisch. Auf dem Dach dieser Schlachterhütte, saß still wartend, ein Geier, der von Zeit zu Zeit mit trägen Flügelschlägen herunterkam, um die Fleischfetzen und -reste zu packen, die man ihm hinwarf. Es war faszinierend, ja beinah bezaubernd, was wir hier sahen und erlebten.

Am nächsten Morgen besuchten wir den Gesundheitsminister Togos, der gleichzeitig stellvertretender Staatspräsident war. Er war Offizier, wie fast alle führenden Männer in Togo. Das Gespräch war höflich, aber ohne besonderen Glanz. Unser Gastgeber strahlte erst, als ich ihm das mitgebrachte Präsent überreichte: einen Radiowecker. Er brachte uns am Ende des Besuches persönlich vor die Tür zu unserem Wagen, was, wie unser Botschafter bemerkte, als besondere Auszeichnung galt, und er fügte hinzu, wir würden mit Sicherheit noch von dem Minister hören, denn ein solches Geschenk bliebe nicht ohne Erwiderung. Und so sollte es dann auch kommen. Aber zunächst fuhren wir erst einmal fort aus Lomé und an der Küste entlang, um den neuen Hafen Togos zu besuchen und auch um zu baden, was nur an wenigen Stellen dieser Küste möglich ist.

Am Abend fanden wir ein kleines Lokal, von einem Berliner betrieben, und aßen in vergnügter Runde einmal frei von dem Zwang des offiziellen Programms. Im Hotel erwartete uns dann eine Überraschung. Eine Einladung des Gesundheitsministers zum Abendessen, und was das bedeutete, erfuhren wir wenige Stunden später. Alles, was Küche und Keller zu bieten hatten, wurde aufgetragen. Gewaltige Fisch- und Fleischspeisen, Obst und sonstige Produkte des Landes, herrliche, aber auch berauschende Getränke, kurz, es war ein Essen, wie man es sich wünscht, wenn man nach tagelangem Fasten mit großem Hunger an eine Tafel kommt. Wir aber hatten gegessen und waren durchaus satt, so daß wir von allem immer nur weniges zu uns nehmen konnten und dennoch am Ende das Gefühl hatten, zum Platzen voll zu sein. Die Folge dieser afrikanischen Prasserei ließ nicht auf sich warten; sie kam mit Urgewalt in der Nacht über uns, ohne daß ich dem Leser Genaueres zu schildern brauche.

Am Ende dieser vielseitigen und an Abenteuern nicht armen Reise standen dann ein Besuch in Dahomé, der heutigen Volksrepublik Benin und zwei Tage in Ghana. Dahomé ist ein Land, reich an Kultur, aber auch an Zeugnissen wechselnder europäischer Kolonialherrschaft. Wie jeder Tourist, so besuchten auch wir zunächst das ganz auf Pfählen im seichten Wasser gebaute Dorf Ganvié. Einst waren die Bewohner vor ihren Feinden hierher geflohen und hatten ihre Hütten im Wasser neu errichtet, so wie bei uns in Europa auch z. B. Venedig entstanden ist. Heute ist dieses Dorf Ziel der Touristen.

Dann erlebten wir, nach einem Besuch einer alten portugiesischen Festung im Zentrum des früheren Sklavenhandels, in Ouida, ein faszinierendes Schauspiel. Vor einer großen katholischen Kathedrale warteten Hunderte von Afrikanern, um sich zu einer Prozession zu formieren, aber nicht fromme Kirchengesänge, sondern afrikanische Lieder mit ihren mitreißenden Rhythmen fesselten den Beschauer, und wir erlebten ein wirklich eindrucksvolles Schauspiel afrikanischer Lebensfreude unter einer – wohl oft nur sehr dünnen – Decke europäischer Frömmigkeit.

Wenige Schritte entfernt von dieser Kathedrale mit ihrem bunten religiösen Treiben stand ein gewaltiger Affenbrotbaum, und unter seinem Laubdach fand sich ein Schlangengarten mit einem heidnischen Fetischtempel. Christlicher und heidnischer, oder besser nichtchristlicher Glaubenskult leben hier in Afrika eben auch heute noch sehr nahe beieinander.

Der Abend dieses erlebnisreichen Tages war – endlich einmal – ohne offizielles Programm. Wir bummelten in der warmen Nachtluft am Ufer des Meeres in Lomé mit seiner noch aus ›Kaisers Zeiten‹ stammenden Promenade und freuten uns auf Ghana, wohin wir am kommenden Morgen weiterfahren wollten.

Auch in Ghana erwartete uns wieder ein volles offizielles Programm. Wir besuchten zunächst den gewaltigen Akusombo-Staudamm, der den Volta-Fluß zu einem großen Stausee aufstaut, und Elektrizität für Ghana, Togo und Dahomé erzeugt.

Wir machten unsere Besuche bei den offiziellen Stellen des Landes, insbesondere beim Gesundheitsminister. Wir lernten ein modernes Hospital kennen und besuchten eine Ausbildungsstation, in der europäische Entwicklungshelfer Afrikaner unterrichten, z. B. Außenbordmotore und andere technische Geräte zu reparieren. Wir lernten auch das alte Fort Takoradi kennen, ein interessantes Zeugnis europäischer Kolonialherrschaft in diesem Teil Afrikas. Aber wir waren am Ende auch froh, wieder heimreisen zu können. Am Abend des 13. Dezember landeten wir in Hamburg. Schnee und Regen wehten uns entgegen, als wir das Flugzeug verließen. Afrika war ein Stück Erinnerung geworden.

Die letzte größere Reise, die ich als Senator gemacht habe, führte nach Polen. In Danzig fanden im Frühjahr 1977 ›Hamburger Tage‹ statt. Mehrere Senatsmitglieder und andere offizielle Persönlichkeiten aus Hamburg sollten im Laufe dieser beiden Wochen Danzig besuchen und unsere Stadt vertreten. Mir war zugedacht, ziemlich am Ende der Tage in Danzig zu sein.

Vorher wollte ich eine Reihe anderer polnischer Städte besuchen, um damit zu zeigen, daß Hamburg nicht nur bemüht war, einen guten Kontakt zu Danzig, seiner Schwesterstadt herzustellen, sondern daß uns auch daran gelegen war, gute freundschaftliche Beziehungen mit anderen polnischen Städten zu suchen. Auch wollte ich in

Auschwitz einen Kranz des Senats niederlegen, damit man in Polen immer wieder erfuhr, daß wir unsere Verantwortung aus unserer Vergangenheit nicht vergessen, wenn wir uns um gute Kontakte in Gegenwart und Zukunft bemühen.

Die Organisation dieser Polen-Reise hatte die polnische Agentur Interpress in Warschau übernommen. Es ist immer zweckmäßig, wenn man in kommunistische oder andere autoritär gelenkte Staaten reist, sich für die Reisenotwendigkeiten offizieller Einrichtungen dieser Staaten zu bedienen. Etwas überrascht waren wir allerdings, als uns Interpress ankündigte, daß man uns für die Reise durch Polen einen Begleiter zugeteilt habe und daß dieser auf uns in Posen warten würde. Meine Antwort, daß dies nicht erforderlich sei, wurde höflich, aber bestimmt mit dem Hinweis erwidert, es könne uns zum Beispiel ein Verkehrsunfall zustoßen, und dann sei es nützlich, wenn jemand der mit den polnischen Verhältnissen und insbesondere auch mit der Sprache vertraut sei, bei uns wäre, damit wir keine Unannehmlichkeiten bekämen. Also erwarteten wir in Posen einen Reisebegleiter. Wir kamen am späten Nachmittag an, nachdem wir mit dem Wagen von Hamburg durch die DDR über Frankfurt an der Oder dorthin gefahren waren. Auf einen Wink des diensthabenden Portiers in unserem Hotel erschien ein Herr, wohl etwa 60 Jahre alt und durchaus sportlich aussehend. Anthony Miller, so stellte er sich vor, er sei uns von Interpress zur Begleitung zugeteilt. Die erste Zusammenkunft beim Abendessen, zu dem er uns freundlichst einlud, war höflich, aber wie kann es bei Hamburgern anders sein, von einer gewissen Reserve und Distanz geprägt.

Irgendwoher, so ging es mir durch den Kopf, glaubte ich diesen Mann zu kennen. Aber trotz aller Mühen fand ich zunächst aber nicht heraus, ob und wo ich ihn dann wohl schon einmal getroffen oder gesehen haben könnte. Bis er uns, im Laufe des Abends, erzählte, daß er begeisterter Segelsportler sei und die polnische Seglermannschaft zur Sommerolympiade 1976 nach Kiel begleitet habe. Und da fiel mir ein: Ich hatte für den Senat damals in Kiel einen Empfang gegeben, zu dem auch die polnischen Segler geladen waren, und bei diesem Empfang hatten wir uns kennengelernt. Damit war das Eis gebrochen; der Rest des Abends wurde heiter und vergnügt, nicht zuletzt auch, weil der polnische Bison-Wodka sein übriges dazu beitrug. Es stellte sich bald heraus, wie hilfreich es war, einen offiziellen Begleiter zu haben. In den Hotels sorgte er dafür, daß die vorbestellten Zimmer uns auch wirklich zugeteilt wurden, er half uns beim Tanken, er konnte nach dem richtigen Weg fragen, wenn wir uns verfahren hatten und auch sonst war er ein von Tag zu Tag sympathischerer Reisebegleiter. Wir erfuhren sehr bald, daß sein gar nicht polnisch klingender Name auf einen aus Augsburg stammenden Großvater zurückzuführen war. Sein Deutsch war im übrigen vorzüglich.

Nun wollte ich auf dieser Reise nicht nur offizielle Besuche und Programme erledigen. Ich wollte die Reise durch Polen auch nutzen, um ein wenig von der Schönheit dieses Landes und seiner Städte kennenzulernen und meiner Liebe und Leidenschaft zur Geschichte etwas Tribut zu zollen. Dazu gehörte es, in der Nähe von Breslau die Schlachtfelder aus dem Siebenjährigen Krieg zu besuchen. Nicht weit von Breslau, so wußte ich, liegt der Ort Leuthen, bei dem am 5. Dezember 1757 eine der berühmtesten Schlachten des Siebenjährigen Krieges stattgefunden hatte. Aber wie sollte man diesen Ort finden? Nach anfänglichem Zögern fragte ich unseren Reisebegleiter und Freund

Miller. Er hatte von Leuthen noch nie etwas gehört und schien auch etwas überrascht von meinem Wunsch, aber als ich ihm erzählte, daß ich ein großes Interesse an Geschichte habe, kümmerte er sich mit rührendem Eifer darum, herauszufinden, wie denn Leuthen heute auf polnisch heißen möge und wo es zu finden sei. Und wir fanden es, fuhren hin und besuchten das Schlachtfeld. Ich hatte eine alte Karte aus der Feder Friedrichs des Großen bei mir. Anhand dieser Karte erklärte ich den Verlauf der Schlacht und merkte, daß unser Begleiter, Herr Miller, mehr und mehr angesteckt wurde von meiner Liebe zur Geschichte. Inzwischen wußte er auch, daß mich der Verlauf der früheren Grenzen interessierte und daß es mir besondere Freude macht, alte Grenzsteine irgendwo aufzustöbern. Auf unserer Fahrt durch Oberschlesien kamen wir bei Beuthen an die alte Grenze zwischen dem deutschen und dem polnischen Oberschlesien nach 1920. Da alle Zollhäuser, die nach 1919 an den neu gezogenen Grenzen gebaut worden waren, einander glichen wie ein Ei dem anderen, war es nicht schwer für uns, das ehemalige deutsche Zollhaus zu entdecken und damit den Verlauf der Grenze in diesem Teil Schlesiens zu ermitteln.

Arthur Seidel, mein Fahrer, stammte aus Myslowitz in Ost-Oberschlesien. Er hatte seine Heimat seit 1943, seinem letzten Urlaub während des Zweiten Weltkrieges nicht wiedergesehen. Seine Eltern hatte er verloren und einer seiner Brüder war nach dem Kriege dort geblieben, hatte eine Polin geheiratet und eine Familie gegründet. Dieser Bruder arbeitete im Bergbau und wurde von Herrn Seidel mit allem, was der Westen zu bieten hatte, versorgt. Er hatte seinen Bruder nach Jahrzehnten zum ersten Mal in Hamburg zu seiner Silberhochzeit wiedergetroffen. Jetzt sollte und wollte er dessen Familie kennenlernen. Es war erschütternd zu erleben, wie er nach so langer Zeit das Haus wiederfand, in dem er geboren und großgeworden war, und es war rührend zu sehen, wie er die Familie seines Bruders begrüßte. Er, der kaum Polnisch konnte und seine Schwägerin und ihre Kinder, die kein Deutsch verstanden. Aber es war auch amüsant zu erleben, wie sein Bruder, von dem er immer glaubte, daß dieser in größter Armut leben müßte – und dieser hatte nichts getan, um diesen Eindruck zu ändern – ihm sein eigenes großes, ansehnliches Haus zeigte, in dem er und seine Familie wohnten.

Der Eindruck, den der Besucher in Auschwitz und in Birkenau, jenem Mordlager, bekommt, ist entsetzlich und erschütternd. Man kann ihn mit Worten nicht schildern. Man kann nur hoffen, daß dieses Lager als Mahnmal für alle, die heute leben und die in Zukunft leben werden, dienen und dazu beitragen mögen, daß sich so etwas nie wieder wiederholen möge. Als ich den Kranz des Senats niederlegte, erlebte ich staunende Augen bei meiner polnischen Begleitung, denn die Hamburger Farben weiß-rot sind zugleich die Farben Polens, aber der Blick auf die Inschrift überzeugte meine polnischen Gastgeber, daß es tatsächlich ein Kranz des Hamburger Senats war, den ich gebracht hatte.

In Krakau war der Besuch der Burg und der Königsgräber ein Höhepunkt dieser Reise. Jede Epoche, auch die kurzlebige deutsche Herrschaft während des Zweiten Weltkrieges, hat ihre Bauzeugnisse hinterlassen, die den Krieg unversehrt überdauert haben. Krakau ist eine schöne Stadt; hoch über der Weichsel gelegen, atmet sie noch etwas von dieser versöhnlichen Atmosphäre der einstigen k.u.k.-Epoche.

Auf dem Wege von Krakau nach Warschau besuchten

wir Tschenstochau mit Polens Nationalheiligtum, der Schwarzen Madonna; die Kirche – es war ein Sonntag – war so voll, daß es unmöglich war hineinzukommen, um dieses Bildnis zu sehen. Dafür entschädigte uns ein Besuch in Chopins Wohnhaus, in einem wunderschönen Park in der Nähe Warschaus gelegen. Ein Pianist spielte Chopins Klaviermusik.

Warschau, eine Hauptstadt wie viele andere, aber mit einem einmaligen und sehenswerten Zeugnis polnischer Bauleistung: die völlig restaurierte Altstadt! Wer nicht weiß, daß dies alles am Ende des Krieges ein riesiger Trümmerhaufen war, kann wirklich glauben, in einem liebevoll gepflegtem alten Stadtviertel aus früheren Zeiten zu wandern. Auch Straßenzüge aus nicht so alter Vergangenheit, sondern aus den Tagen etwa der Jahrhundertwende, hatte man originalgetreu wiedererrichtet.

Interessant waren meine Gespräche mit dem polnischen Justizminister und mit dem Leiter der Untersuchungsstelle für Gewalttaten des Hitler-Regimes, Professor Pilichowski. Sie klagten über schleppende Verfahren gegen NS-Täter bei uns. Für unsere Probleme mit den rechtsstaatlichen Prozeßregeln, die für eine derartige strafrechtliche Aufarbeitung der historischen Vergangenheit der Hitler-Zeit nicht geschaffen worden sind, hatten sie wenig Verständnis. Manchmal gewann ich allerdings auch den Eindruck, daß es Politiker in den kommunistischen Staaten Ost-Europas gibt, denen es durchaus lieb ist, mit diesen Prozessen ein Dauerthema zur Diskriminierung der Bundesrepublik zu haben.

Ähnlich, wie Jahre zuvor bei einem Besuch in Israel, stieß ich mit meinem vorsichtigen Versuch, Verständnis für die wegen des zunehmenden zeitlichen Abstands zu den Verbrechen immer schwieriger werdenden Prozesse zu wecken, auf – im wahrsten Sinne des Wortes – Granit. Mit diesen Prozessen gar Schluß zu machen und damit der Gefahr zu entgehen, unter Umständen Täter wegen der immer schwieriger werdenden Beweislage freisprechen zu müssen, dieser Gedanke war bei meinen polnischen Gesprächspartnern absolut nicht nachvollziehbar.

Menschlich waren diese Gespräche mit Professor Pilichowski sehr angenehm. Er lud Ingrid und mich, zusammen mit seiner Frau, am Abend in ein Restaurant in die Altstadt ein, und wir fanden persönlichen Kontakt zueinander.

Zum Abschluß dieser Tage in Warschau besuchten wir das alte und guterhaltene Königsschloß Wilanow, in dem auch heute noch Gäste des Staates zu wohnen pflegen, wenn sie in Warschau sind. Auf dem Wege von Warschau nach Allenstein und weiter nach Danzig, suchte und fand ich die alte deutsche Grenze von vor 1920 und natürlich auch die Grenze, die durch den Versailler Vertrag dort gezogen worden war. Allerdings hatten die Polen auch hier alle Grenzsteine ausgegraben und alle Zeugnisse aus jener Zeit, als hier einmal das Land der deutschen Nachbarn begann, sorgfältig beseitigt.

Ingrid wußte, daß in der Nähe von Soldau im Süden Masurens ihre Vorfahren in einem Ort namens Riwocin gelebt hatten. Sie wußte aber nicht, wie dieser Ort auf Polnisch heißt. Unser Freund Anthony Miller bemühte sich wieder redlich und fand, daß die polnische Bezeichnung nur wenig verändert, Riwoscini, lautete. So fanden und besuchten wir den Ort, aus dem die Vorfahren meiner Frau stammten.

Auf dem Wege von dort nach Schwetz an der Weichsel, passierten wir wiederum die alte deutsche Grenze von 1920 zwischen Ostpreußen und dem Korridor. Als wir dort hielten und den genaueren Verlauf der Grenze anhand von Erdwällen und Gräben studierten, denn Grenzsteine gibt es auch hier nicht mehr, erschien ein Herr mittleren Alters in der Tür des Grenzhauses und begrüßte uns mit ein paar polnischen Worten. Als er merkte, daß wir Deutsche waren, sprach er mit uns auf Deutsch. Wir hatten den Priester jener Gemeinde vor uns, der in wirklich sehr ärmlichen Verhältnissen das alte deutsche Zollhaus als Pfarrhaus benutzen durfte. Herr Miller fotografierte uns miteinander, und noch heute wechseln wir von Zeit zu Zeit Grüße zu Weihnachten und zu Ostern.

Die Fahrt ging weiter über Schwetz, an der Weichsel entlang, nordwärts. Bei Marienwerder wollten wir über die Weichsel, um dann zur Marienburg zu fahren. Auf der Karte war dort eine Brücke eingezeichnet. Als wir aber an die Weichsel kamen, erfuhren wir, daß diese Brücke im Krieg zerstört und nicht wieder aufgebaut worden war. Es sollte dort aber eine Fähre geben, so wurde uns gesagt. So fuhren wir dann ans Ufer, an die Anlegestelle der Fähre und fanden auch alles, was zu einer solchen Anlegestelle gehört, aber keine Fähre. Diese lag am anderen Ufer und rührte sich nicht von der Stelle. Außer uns erschien sehr bald ein polnisches Ehepaar auf einem Motorrad, das offenbar auch über die Weichsel gebracht werden wollte. Als diese Polen erfuhren, daß die Fähre, aus welchem Grunde auch immer, nicht fuhr, fing der Mann furchtbar an zu schimpfen; halb auf Deutsch, halb auf Polnisch hörten wir etwas von polnischer Mißwirtschaft und »der Maler muß wieder her«. »Wir brauchen wieder Ordnung«. Es dauerte eine Weile, bis wir kapierten, wen er mit dem »Maler« meinte. Wir haben sehr gelacht, als wir wieder im Auto saßen, um zur Marienburg zu fahren.

Es ist überflüssig hier anzumerken, daß es ein großes Erlebnis war, die Marienburg, die von den Polen mit Liebe und Sorgfalt restauriert worden war, zu besuchen und daß die Tage in Danzig in vieler Hinsicht interessant und eindrucksvoll waren. Auch Danzig ist, wie Breslau, Warschau und Posen, wieder aufgebaut. Auch dort haben die Polen nicht etwa die zerstörten alten deutschen Stadtkerne abgeräumt und eine neue polnische Stadt gebaut, sondern sie haben die Häuser, so originalgetreu wie möglich, in ihrer alten Gestalt wieder errichtet. Dabei hätten sie es leicht gehabt, und niemand hätte sie kritisieren können, wenn sie die Trümmerberge und mit ihnen die Erinnerung an die deutsche Vergangenheit einfach weggeräumt hätten, um Platz für ihre, eine polnische Zukunft zu schaffen. Aber es war auch bedrückend, diese Städte zu sehen und zu wissen, daß dies einmal Städte waren, die inmitten unseres Landes lagen und die nun für unser Land und unser Volk verloren sind, nur weil die Völker es nicht verstanden haben, in Frieden miteinander zu leben, und weil Machtgier und Imperialismus unausrottbare Eigenschaften auch derjenigen Völker sind, die sich so gern für modern und allem Neuen aufgeschlossen halten.

Das Programm in Danzig war bunt und vielfältig: Ich mußte an einer Segelregatta aus Anlaß der Hamburger Tage als offizieller Vertreter Hamburgs teilnehmen; es gab Pressegespräche und Besuche bei den Spitzen der Stadtverwaltung; es gab Ausstellungen zu besuchen; es gab offizielle und auch, Gott sei Dank, private Essen und es gab auch ein bißchen freie Zeit, um durch die Altstadt zu bummeln, die Marienkirche kennenzulernen, aber auch um Zoppot, Oliva, Gdingen und andere Orte in diesem Teil Polens zu sehen.

In Danzig endete die offizielle Reisebegleitung durch Anthony Miller, er mußte nach Warschau zurück. Aus dem offiziellen Reisebegleiter war im Laufe dieser eineinhalb Wochen ein mitreisender Freund geworden, und so verabschiedeten wir uns in Danzig, wie man von guten Freunden Abschied nimmt, nicht ohne daß Anthony Miller uns noch ganz genau unsere Rückreiseroute durch Pommern aufgezeichnet hatte, als ob er unserer guten Straßenkarte von Polen nicht traute.

Wir fuhren durch die Kaschubische Schweiz, durch das alte Korridorgebiet und dann durch Hinterpommern mit seinen reizvollen Wäldern und Seen bis nach Stettin, Hier in Stettin merkte ich, daß unserem Wagen der Mercedesstern fehlte. Nach einigem Hin und Her beichtete Arthur Seidel, daß er ihn an einen polnischen Liebhaber solcher westlicher Wohlstandszeugnisse weggeben habe.

An der Grenze zur DDR wurden wir deutlich und grob daran erinnert, daß eben in Deutschland alles seine Ordnung haben muß. Während der polnische Zöllner uns lässig vorüberwinkte und nur unwillig den notwendigen Papierkrieg erledigte, war auf deutscher Seite alles bestens organisiert. Wir hatten unsere Pässe abgegeben und warteten auf die vielen Stempel und Bescheinigungen und ähnliche Papierstücke, die zur Benutzung der Transitstrecke durch Mecklenburg erforderlich waren.

Da entdeckte Arthur Seidel in seinem Portemonnaie noch einige Zloty und ging, weil es ihm ganz normal erschien, zurück zur polnischen Grenzseite, um in einer Bude dafür einige Süßigkeiten zu kaufen. Wie er denn dazu käme, das Gebiet der Deutschen Demokratischen Republik zu verlassen, brüllte ihn ein deutscher Grenzer an, und auf den Hinweis, daß der polnische Grenzer ihm empfohlen hatte, seine letzten Zloty doch in dem Laden des polnischen Grenzgebäudes auszugeben, wurde ihm deutscherseits noch unwirscher geantwortet, hier sei man auf dem Gebiet der Deutschen Demokratischen Republik und hier hätte kein Pole etwas zu sagen. Nun gut, wir wußten also, wie waren wieder in Deutschland.

Anders als in Polen durften wir hier natürlich nur auf den genau vorgeschriebenen Wegen den ersten deutschen Arbeiter- und Bauernstaat durchqueren. Ordnung muß sein! Die Fahrt über die korrekt ausgeschilderte Transitstrecke verlief ohne bemerkenswerte Erlebnisse. Nicht einmal das Stadtinnere von Rostock durften wir uns ansehen, denn die Transitstrecke führte um diesen Stadtkern herum.

In Rostock wechselten Arthur Seidel und ich uns im Fahren ab. Vor Lübeck, an der Grenze der DDR zur Bundesrepublik, begann wieder diese Zeremonie der deutschen Ordnung. Der Grenzer war überrascht zu sehen, daß der Fahrer im Fond des Wagens und der Senator am Steuer saß, und vergewisserte sich zweimal, wer denn nun wer sei. So etwas war ihm in der klassenlosen Gesellschaft des kommunistischen Sozialismus offenbar noch nicht unterlaufen, daß Fahrer und Chef auch einmal einander ablösen konnten, ohne daß ihnen dabei ihr Rang und ihre Würde verlorengingen.

Als wir unsere Pässe zurückerhielten, schaute ein anderer Grenzer uns tiefblickend in die Augen und dann wieder auf die Fotos in unseren Pässen. Arthur Seidel hatte in seinem Paß ein jugendliches Bild, und auf die Frage des Grenzers, ob er Herr Seidel sei und ob das Bild nicht schon ein wenig alt sei, bemerkte er ganz trocken, das könne wohl sein, aber er sei sogar schon Großvater geworden! In der Tat hatte ihn in Danzig die Nachricht erreicht, daß er zum erstenmal Großvater geworden war. Als er dann noch meinte, für einen Großvater sehe er aber doch noch wirklich recht jung aus, konnte auch der Grenzer nicht anders, als lachen und dies bestätigen. Dann, als ob ein Rest von

Menschlichkeit durch keinen Terror und keine Diktatur zu zerstören ist, sagte er ganz leise zu uns, auch er würde in Kürze Vater und freue sich darauf.

Schlußbemerkung

Bevor der geneigte Leser dieses Buch nun aus der Hand und zu den – vielen – anderen bereits gelesenen legt, wird er sich vielleicht fragen, ob er eigentlich die Memoiren eines ehemaligen Senators oder vielmehr eine Art Tagebuch gelesen habe. Eine Art Erinnerungsbuch sollte es in der Tat sein, und nicht etwa die Memoiren eines zwar schon etwas ergrauten, aber politisch noch keineswegs alten Menschen. Es sind Momentaufnahmen aus dem beinahe zwölf Jahre währenden Amt eines Hamburger Senators. Auch sollte der Leser einmal Gelegenheit erhalten, hinter die Fassade des amtlichen Regierens zu schauen. Wenn dabei der Eindruck erweckt werden konnte, daß es dort auch nur menschlich und ganz normal zugeht, dann hat dieses Buch erreicht, was es auch wollte. Es sollte helfen, dem Amt eines Ministers, eines Senators, menschliche Züge zu verleihen, es sollte aber auch zum Schmunzeln, ja, auch zum Lachen anregen und zeigen, daß im Alltag der Politik die vielen großen und kleinen menschlichen Schwächen und Stärken durchaus ihren Platz haben.

Vielleicht vermittelt dieses Buch auch den Eindruck, daß die Politik ein hartes Geschäft sein kann, in dem für Rücksicht und Mitgefühl manchmal nur sehr wenig Raum bleibt. Die regelmäßig wiederkehrenden Wahltermine und die wirklichen, oft aber auch nur vermeintlichen Interessen der Wähler bestimmen zuweilen stärker das Handeln, als es um der Sache willen eigentlich gut wäre; aber Parlamentarier und Politiker suchen nun einmal Bestätigung und Anerkennung ihrer Arbeit durch die Wähler. Niemand darf sie deswegen schelten und sich wundern, wenn Erfolge und Wohlgefälligkeiten stärker im Rampenlicht der Politik stehen, als die Zwänge der oft unangenehmeren alltäglichen Notwendigkeiten. Werbung und Wahlkampf werden hier zu Geschwistern und verdrängen die Tatsache, daß Demokratie auch bedeutet, Macht – in des Wortes ganzer Stärke – auf Zeit zu gewähren. Dieses demokratische Prinzip würde Schaden erleiden, wenn die Qualität des politischen Handelns allein danach bemessen würde, wie gut die oft sehr begrenzten Wünsche und Interessen der Wähler befolgt werden.

Demokratische Macht ist aber auch mit Verantwortung für Entscheidungen verbunden. Wer solche Verantwortung trägt, ist sehr oft allein wie ein Bergsteiger, der, aus dem Schatten des Felsens herausgetreten, im scharfen Wind des Gipfels steht. Dies habe ich auch noch nach dem Ausscheiden aus dem Senat erfahren müssen, als sich z. B. ein Untersuchungsausschuß der Bürgerschaft mit dem Iran-Engagement des Senats zu befassen hatte. In der Verantwortung der von mir geleiteten Finanzbehörde lag damals die Prüfung dieses Vorhabens. Kaum hatte man im Ausschuß einige Versäumnisse und Fehler entdeckt, schon wurde die Schuld personalisiert, und schnell war der Chor der Kritiker und Besserwisser zur Stelle. Vom »Nichtbekleckern mit Ruhm« oder vom »Drang nach dem schnellen Gewinn« wurde gesprochen und geschrieben. Entlastendes hätte dieses Bild nur gestört. Vergessen war auch die Logik der Kausalität, denn erst der Konkurs des beteiligten Hamburger Bauunternehmens führte zu den finanziellen Schäden. Daß aber an der Auswahl und an der Auftragsvergabe an diese Firma die Finanzbehörde nicht beteiligt, ja nicht einmal dazu gehört worden war, das wurde schlicht verschwiegen. Es paßte nicht in das so einfache Bild von Schuld und Verantwortung!

Der Erfolg hat keine Mühe, Freunde und Förderer zu finden, im Schatten des Mißerfolges aber verwehen die Spuren der guten Motive und des ehrlichen Bemühens aller Beteiligten, nämlich dafür zu sorgen, daß die Finanzen der Stadt durch die Nutzung der vielfältigen Fähigkeiten ihrer öffentlichen Unternehmen verbessert würden und auch, daß Arbeit für die Bürger gesichert bleibt. Der Mißerfolg wird so zur Schwester der Einsamkeit. Aber Verantwortung aus politischer Macht kann auch Freude bereiten, Freude am Erreichten, Freude am Gestalten der Dinge. Gerade dies zu zeigen, war einer der Gründe, dieses Buch zu schreiben.